Familienküche

Kartoffeln

Kay-Henner Menge · Claudia Schmidt

Inhalt

Alle Rezepte auf einen Blick – bitte umblättern – alle Rezepte auf einen Blick – bitte umblättern – alle Rezepte auf einen Blick – bitte umblättern

Alle Rezepte auf einen Blick

= Zubereitungszeit bis 30 Minuten
= Zubereitungszeit bis 1 Stunde
= Zubereitungszeit über 1 Stunde
* = plus Sonderzeit (siehe Rezept)

Kostenkategorien (Angaben für 4 Personen):
preiswert = bis 20,00 DM
etwas teurer = 20,00–40,00 DM

Überbackene Bratkartoffeln

Seite 56
Zeitaufwand ca. 30 Min.
Kosten preiswert

Kartoffel-Gröstel mit Erbsen

Seite 60
Zeitaufwand ca. 30 Min.
Kosten preiswert

Fisch-Kartoffel-Pfanne

Seite 68
Zeitaufwand ca. 30 Min.
Kosten etwas teurer

Kartoffelsalat mit Staudensellerie und Walnüssen

Seite 18
Zeitaufwand ca. 35 Min.*
Kosten etwas teurer

Rosenkohl-Kartoffel-Gulasch

Seite 50
Zeitaufwand ca. 40 Min.
Kosten preiswert

Kartofelcreme mit Dill

Seite 22
Zeitaufwand ca. 45 Min.
Kosten preiswert

Kartoffelpüree-Variationen

Seite 24
Zeitaufwand je ca. 45 Min.
Kosten preiswert

Kartoffelwaffeln mit Käsecreme

Seite 28
Zeitaufwand ca. 45 Min.
Kosten etwas teurer

Kartoffel-Brunnenkresse-Suppe

Seite 34
Zeitaufwand ca. 45 Min.
Kosten etwas teurer

Frittata mit Paprika-Salsa

Seite 58
Zeitaufwand ca. 45 Min.
Kosten preiswert

Möhren-Kartoffel-Puffe mit Avocadodip

Seite 64
Zeitaufwand ca. 45 Min.
Kosten preiswert

Kräuterkartoffeln vom Blech mit Gurkenquark

Seite 74
Zeitaufwand ca. 45 Min.
Kosten preiswert

Kartoffelspieße mit Joghurt-Mango-Sauce

Seite 98
Zeitaufwand ca. 45 Min.
Kosten preiswert

Schwäbische Bubenspitzle mit Sauerkraut

Seite 62
Zeitaufwand ca. 50 Min.
Kosten preiswert

Kartoffelsalat mit getrockneten Tomaten

Seite 16
Zeitaufwand ca. 1 Std.*
Kosten preiswert

Kartoffelsalat mit Roten Beten und Tomaten

Seite 20
Zeitaufwand ca. 1 Std.*
Kosten preiswert

Kartoffelcurry mit Aprikosen

Seite 38
Zeitaufwand ca. 1 Std.
Kosten preiswert

Kartoffel-Ratatouille

Seite 40
Zeitaufwand ca. 1 Std.
Kosten preiswert

Fisch-Kartoffel-Suppe

Seite 44
Zeitaufwand ca. 1 Std.
Kosten etwas teurer

Winterlicher Kartoffeleintopf

Seite 46
Zeitaufwand ca. 1 Std.
Kosten preiswert

Asiatischer Lamm-Kartoffel-Eintopf

Seite 48
Zeitaufwand ca. 1 Std.
Kosten etwas teurer

panische Tortilla

eite 54
eitaufwand ca. 1 Std.
osten preiswert

Gefüllte Kartoffeln mit Spinat

Seite 76
Zeitaufwand ca. 1 Std.
Kosten preiswert

Kartoffel-Fenchel-Auflauf

Seite 78
Zeitaufwand ca. 1 Std.
Kosten preiswert

Ofenkartoffeln mit Sour Cream

Seite 84
Zeitaufwand ca. 1 Std.
Kosten preiswert

Kartoffel-Spinat-Auflauf mit Erbsen

Seite 86
Zeitaufwand ca. 1 Std.
Kosten preiswert

artoffelpizza nit Tomaten und Paprika

eite 92
eitaufwand ca. 1 Std.*
osten preiswert

Kartoffelecken mit Zucchinidip

Seite 94
Zeitaufwand ca. 1 Std.
Kosten preiswert

Kartoffelknödel mit Speckfüllung

Seite 104
Zeitaufwand ca. 1 Std.
Kosten preiswert

Spinat-Kartoffel-Wolken mit Filetsteak

Seite 106
Zeitaufwand ca. 1 Std.
Kosten etwas teurer

Mozzarella-Kartoffel-Bällchen mit Tomatendip

Seite 108
Zeitaufwand ca. 1 Std.
Kosten preiswert

artoffelrouladen mit ilz-Tomaten-Füllung

eite 110
eitaufwand ca. 1 Std.
osten etwas teurer

Kartoffelstrudel

Seite 112
Zeitaufwand ca. 1 Std.*
Kosten preiswert

Kartoffelmuffins mit Bratwurstfüllung und Salat

Seite 114
Zeitaufwand ca. 1 Std.*
Kosten preiswert

Kartoffel-Kokos-Suppe mit Garnelen

Seite 36
Zeitaufwand ca. 1 ¼ Std.
Kosten etwas teurer

Mais-Kartoffel-Küchlein

Seite 66
Zeitaufwand ca. 1 ¼ Std.
Kosten preiswert

Kartoffel-Fisch-Stäbchen

Seite 70
Zeitaufwand ca. 1 ¼ Std.*
Kosten etwas teurer

Kartoffelauflauf mit Spitzkohl und Kasseler

Seite 80
Zeitaufwand ca. 1 ¼ Std.
Kosten etwas teurer

Kartoffel-Lachs-Pie mit Brokkoli

Seite 82
Zeitaufwand ca. 1 ¼ Std.
Kosten etwas teurer

Blumenkohl-Kartoffel-Soufflé

Seite 88
Zeitaufwand ca. 1 ¼ Std.
Kosten preiswert

Überbackener mediterraner Kartoffeleintopf

Seite 90
Zeitaufwand ca. 1 ¼ Std.
Kosten preiswert

Kartoffel-Gnocchi mit Tomatensauce

Seite 102
Zeitaufwand ca. 1 ¼ Std.
Kosten preiswert

Pilz-Kartoffel-Tarteletts

Seite 26
Zeitaufwand ca. 1 ½ Std.*
Kosten etwas teurer

Kartoffel-Hack-Roulade

Seite 30
Zeitaufwand ca. 1 ½ Std.
Kosten etwas teurer

Paprika-Kartoffel-Topf

Seite 42
Zeitaufwand ca. 1 ½ Std.
Kosten etwas teurer

Gebackene Kartoffelschalen mit Lachsdip

Seite 100
Zeitaufwand ca. 1 ½ Std.
Kosten etwas teurer

Die vielfältige Knolle

Kartoffelverkaufsstände auf Wochenmärkten sind eine wahre Pracht! Meterlang reihen sich hier die staubigen, erdigen Knollen aneinander. Jede Sorte hat eine andere Farbe, Form und Größe. Und wenn der Kartoffelhändler dann gut gelaunt mit der elegant geschwungenen Stahlkelle zwischen die Kartoffeln fährt, um sie abzuwiegen: Fühlt man sich dann nicht gleich viel erdverbundener und ursprünglicher?

Die goldene Knolle ist in aller Munde …

… auch in Ihrer Familie, wenn Sie die vielfältigen Gerichte aus diesem Kochbuch erst einmal probieren! Und die Interessen Ihrer Familie werden in diesem Buch ganz groß geschrieben. Denn wir sind bei allen Rezepten auf die Wünsche und Bedürfnisse von Kindern und Eltern eingegangen. Kinder sollten schon früh mit Lebensmitteln zu tun bekommen und bei der Zubereitung von Mahlzeiten beteiligt sein. Nur so lernen sie spielerisch verschiedene Nahrungsmittel kennen und laufen nicht Gefahr zu glauben, Milch käme aus der Tüte und nicht von der Kuh und Fleisch gäbe es natürlicherweise in Stücken an der Kühltheke. Um Ihre Kinder in die Küche zu locken, gibt es zu jedem Rezept einen Tipp nur für Kinder, in dem Sie erfahren, wo und wie Ihre kleinen Meisterköche in der Küche helfen können, welche Zutaten Kindern vielleicht besser schmecken, wie Sie ein Gericht lustig variieren können und und und …

Für jedes Rezept gibt es darüber hinaus noch weitere nützliche Tipps, die Ihnen zeigen, wie Sie z. B. aus einem einfachen Gericht ein edles Gästeessen zaubern können: Einfach die eine oder andere Zutat austauschen oder ergänzen und das Gericht ist perfekt für die festlich gedeckte Tafel! Sie brauchen Ideen für eine Stehparty, ein Büfett mit Freunden? Kein Problem: Auch hierfür haben wir zahlreiche Vorschläge und Sie können mit Ihren köstlichen Kartoffelgerichten einmal mehr kulinarische Freude schenken!

Kleiner Ausflug in die Geschichte

Die so harmlos aussehende Kartoffel hat eine recht spannende Geschichte hinter sich. Das aus den südamerikanischen Anden stammende Knollengewächs wurde im 16. Jahrhundert von den spanischen Eroberern nach Europa gebracht. Die Kartoffel breitete sich nach und nach über unseren Kontinent aus und gelangte erst um die Wende des 16. zum 17. Jahrhundert nach Deutschland. Kartoffeln waren zunächst nur als Zier- und Gartenpflanzen begehrt. Sie blühten in Parks und fürstlichen Lustgärten

Einwanderin aus Südamerika: die Kartoffelpflanze

und erfreuten die Gemüter erlauchter Damen und Herren. Süddeutsche Mönche waren es schließlich, die den Iren und Holländern nacheiferten und damit begannen, die Kartoffel auch hierzulande als Nutzpflanze anzubauen.
Überregionale Verbreitung fand die Kartoffel in Deutschland allerdings erst, als der preußische König Friedrich der Große, seine misstrauischen märkischen Bauern überlistete: Er ließ Kartoffelfelder anlegen und diese zum Schein von Soldaten bewachen. Angestachelt von der strengen Bewachung, schlichen sich die Bauern bei Nacht an und stahlen die anscheinend so edlen Knollen. Fortan war die Eroberung des Speiseplans in Deutschland durch die Kartoffel nicht mehr aufzuhalten.

Diese Knollen haben's in sich!

Prall gefüllt mit lebenswichtigen Vitaminen und Mineralstoffen leistet die Kartoffel einen großen Beitrag zur Gesundheit! Hervorzuheben sind vor allem ihr hoher Vitamin-C-Gehalt – wichtig für ein starkes Immunsystem – sowie der Kalium- und Magnesiumgehalt – gut gegen Stress und für einen gesunden Knochenaufbau notwendig. Kartoffeln enthalten leicht verdauliche, jedoch lange sättigende Kohlenhydrate und sind fast fettfrei, weshalb sie von der Dickmacher-Liste, auf der sie vor einiger Zeit noch standen, gestrichen wurden. Der Energiegehalt liegt bei nur 70 Kalorien pro 100 g gekochter Kartoffel. Kartoffeln enthalten zudem alle acht lebenswichtigen Aminosäuren, die Bausteine von Eiweiß. Mit der Kartoffel nehmen Sie also sehr wertvolles Eiweiß zu sich. Diese biologische Wertigkeit können Sie sogar noch verbessern, indem Sie Milchprodukte wie Quark oder Käse dazu essen.

Der Kartoffel auf die Pelle gerückt

In Deutschland gibt es über 100 Kartoffelsorten. Jahr für Jahr werden neue Sorten angebaut, andere verschwinden vom Markt und geraten in Vergessenheit. Die einzelnen Kartoffelsorten unterscheiden sich in Form, Farbe, Größe und Kocheigenschaften. Kartoffeln werden danach in drei Kochtypen eingeteilt:
Fest kochende Sorten (z. B. Hansa, Linda, Nicola, Sieglinde) behalten beim Kochen ihre feste, feinkörnige Struktur und lassen sich gut in Scheiben schneiden. Sie eignen sich für Salz- und Pellkartoffeln, aber auch für Kartoffelsalat.
Vorwiegend fest kochende Sorten (z. B. Secura, Grata, Gloria) werden während des Kochvorgangs etwas mürber als fest kochende Kartoffeln. Ihre Schale kann beim Kochen aufplatzen. Sie nehmen Saucen gut auf, eignen sich also besonders gut für Salzkartoffeln, aber auch für Gratins und Kartoffeln in der Folie.

Mehlig kochende Kartoffeln (z. B. Aula, Irmgard, Adretta, Bintje) werden durch das Kochen sehr mürbe. Sie zerfallen deshalb leicht. Für lockeres Kartoffelpüree, Klöße und viele Kartoffelteige sind sie unentbehrlich.

Kartoffeln in Würfelform – eine nicht ganz gewöhnliche, aber attraktive Art, die gesunden Knollen zuzubereiten.

Wichtiges rund um die Kartoffel

• Kartoffeln sollten Sie nur gekocht essen. Roh sind sie schlecht verdaulich
• Kartoffeln sollte man nie längere Zeit im Kochwasser liegen lassen! Die wertvollen Inhaltsstoffe werden sonst ausgeschwemmt. Eiweiß zeigt sich als weißer Schaum an der Wasseroberfläche, Stärke trübt das Wasser
• Kochen Sie Kartoffeln so oft wie möglich mit der Schale und schälen Sie sie – wenn überhaupt – erst nach dem Kochen. So werden Vitamine, Mineralstoffe und das hochwertige Eiweiß weniger stark ausgeschwemmt
• Schälen Sie Kartoffeln so dünn wie möglich. Bei Frühkartoffeln können Sie ganz auf das Schälen verzichten! Bürsten Sie die Knollen vor dem Kochen in kaltem Wasser gründlich mit einer Gemüsebürste ab
• Verzehren Sie Kartoffeln mit der Schale. So nehmen Sie zusätzlich wichtige Ballaststoffe zu sich. Heimische Frühkartoffeln bekommen Sie ab Juni
• Kochen Sie Kartoffeln vitamin- und mineralstoffschonend: Kartoffeln müssen zum Garen nur zu etwa zwei Dritteln im Wasser liegen
• Achten Sie beim Kochen bzw. Zerkleinern der Kartoffeln darauf, dass die Knollen bzw. die Stücke etwa gleich groß sind. Nur so können Kartoffeln zum gleichen Zeitpunkt gar werden
• Ganz besonders wichtig ist die gleichmäßige Größe der Kartoffeln, wenn man sie im Schnellkochtopf kocht. Sind die Kartoffeln unterschiedlich groß, beginnen kleinere schon zu zerfallen, während größere Exemplare noch hart sind. Beachten Sie die Angabe zur Kochzeit von Kartoffeln in der Gebrauchsanweisung Ihres Schnellkochtopfs. Lassen Sie zum Schluss den Dampf langsam entweichen, damit die Schale nicht aufplatzt
• Kochen Sie unterschiedliche Kartoffelsorten nicht gemeinsam, da jede Sorte verschiedene Kocheigenschaften hat
• Dämpfen ist die schonendste Methode, Kartoffeln zu garen. Die Knollen kommen dabei nicht mit dem Kochwasser in Berührung, sie garen im heißen Wasserdampf. Geben Sie die Kartoffeln in einen Dämpfeinsatz über Wasser, sodass die Kartoffeln nicht mit dem Wasser in Berührung kommen. Kochen Sie

Bei der Zubereitung knuspriger Bratkartoffeln ist der Pfannenwender ein unentbehrliches Instrument.

nun das Wasser auf. Im geschlossenen Topf sind die Kartoffeln bei mittlerer Hitze in 25–30 Minuten gar

- Nehmen Sie nie einen Pürierstab, um Kartoffelbrei herzustellen: Der Brei wird zäh und schleimig. Um einen lockeren Brei zu bekommen, sollten Sie einen Kartoffelstampfer benutzen
- Kaufen Sie möglichst lose oder im Netz abgepackte Kartoffeln. Im Kunststoffbeutel schwitzen Kartoffeln und faulen leicht. Wenn Sie doch einmal Kartoffeln in Plastik kaufen, entfernen Sie zu Hause den Beutel sofort
- Testen Sie doch einmal Biokartoffeln! Der Unterschied zwischen den Knollen aus konservativem und kontrolliert biologischem Anbau ist wirklich gravierend! Biokartoffeln sind aromatischer und schmecken viel besser! Außerdem enthalten sie weniger Nitrat und schädliche Schwermetalle

Was grünt denn da?

Kartoffeln werden im modernen Haushalt nur noch selten eingekellert. Das ist auch nicht mehr nötig, da Kartoffeln das ganze Jahr über frisch und preiswert zu kaufen sind. Die optimale Lagertemperatur für Kartoffeln liegt um etwa 7 °C. In den Kühlschrank gehören Kartoffeln jedoch auf keinen Fall – hier ist es zu feucht! Kartoffeln sollten trocken, kühl, frostfrei, dunkel und luftig aufbewahrt werden. Bei unsachgemäßer Lagerung können sich Kartoffeln verändern:
Wenn die Kartoffel grün ist, wurde sie zu hell gelagert. Vermeiden Sie unbedingt Lichteinwirkung, da sich bei der Grünfärbung das gesundheitsschädliche Solanin bildet. Größere Mengen können zu Übelkeit und Erbrechen führen. Schneiden Sie daher grüne Stellen großzügig ab.
Keimt die Kartoffel, wurde sie zu warm gelagert. Auch häufiges Bewegen der Knollen fördert die Keimbildung. Gekeimte Kartoffeln können Sie bedenkenlos essen. Entfernen Sie jedoch die Keime vor dem Kochen.
Wenn die Kartoffel süß schmeckt, war sie Frost ausgesetzt. Süßliche Kartoffeln sind nicht gesundheitsschädlich, bei ihnen hat sich lediglich durch die Frosteinwirkung ein Teil der Stärke in Zucker verwandelt.
Ist die Kartoffel schrumpelig, wurde sie zu warm gelagert oder ist schon etwas älter.
Wenn die Kartoffel faule Stellen hat, wurde sie zu feucht oder luftdicht gelagert. Diese Kartoffeln sind ungenießbar.

Kartoffelpüree kann man sehr dekorativ anrichten. Dafür verwendet man am besten mehlig kochende Kartoffeln.

Puffer, Gnocchi, Eintopf oder eine schlichte Ofenkartoffel

Sie haben die Wahl! Entdecken Sie die wunderbarsten Kartoffelrezepte und kochen Sie ganz nach Lust und Laune kreative neue Gerichte! Oder steht Ihnen der Sinn mehr nach einem unserer Klassiker? Nur zu! Wir wünschen Ihnen viel Spaß mit der tollen Knolle und natürlich einen guten Appetit!

So schmeckt's Kindern mit Familie&Co

Rin in die Kartoffeln – raus aus die Kartoffeln: So geht's fast jeden Tag am Tisch, weil der Nachwuchs mal wieder mit dem Essen kämpft. Schmeckt doof, riecht nicht lecker und überhaupt: Aus Prinzip wird erstmal nein gesagt. Wie soll man dabei noch Geduld haben und versuchen, seinem Kind wenigstens etwas an gesunder Ernärhung schmackhaft zu machen? Denn obwohl Kinder heute schon „wissen", dass beispielsweise „gute" Kohlenhydrate den Hauptteil der Energie für den Tag liefern, können sie vom Alter her einfach noch nicht nachvollziehen, wie der Körper auf Lebensmittel reagiert. Deswegen brauchen sie Unterstützung in der Familie, um optimale Ernährung zu begreifen – und das mehr mit Taten als mit Worten.

Leibgerichte und mehr

Klar, Kinder haben – besonders mit drei, vier Jahren – ihre Trotzphasen, in denen alle Mühen, die man ins Kochen investiert hat, vergeblich sind. Da ist es häufig die einzige Lösung, den Mäkel-Meistern für eine Weile nur ihre Lieblingsgerichte anzubieten. Keine Sorge: Drei Wochen lang Spaghetti hintereinander hat erstens noch kein Kind gegessen – und selbst Familie&Co-Experte und Ernährungswissenschaftler wie Prof. Dr. Volker Pudel der Uni Göttingen sagen, dass das keinem Kind schaden würde. Lieblingsgerichte sind für Kinder wichtig, sie fühlen sich wohl mit Dingen, die sie kennen und mögen, und mit denen sie schöne Erlebnisse wie z. B. einen Nachmittag am Strand assoziieren. Doch darüber hinaus wollen Kinder am Esstisch auch mal etwas mehr Action – aber nicht etwa mit hochkulinarischen Kreationen aus teuren und exotischen Zutaten oder Mama als Kochkasper. Nein, Kinder finden vieles bereits dann toll, wenn es interessant aussieht und bunt ist. Wenn die Gerichte noch dazu immer wieder andere Aromen, unterschiedliche Konsistenzen oder witzige Formen haben, ist zumindest ihre Neugier geweckt. Aber Vorsicht: Ein Geschmacks-Mischmasch kommt nicht an – lieber einzelne, aber dafür wöchentlich wechselnde Aroma-Abenteuer bieten.
Stellen Sie die Regel auf: Es wird zumindest einmal probiert.

Ich bin hungrig, ich bin satt

Ziel der Ernährungserziehung in der Familie sollte es sein, bei Kindern den Instinkt des Hunger- und Sättigungsgefühls eines Kleinkindes zu erhalten: Essen, wenn man Hunger hat, aufhören, wenn man satt ist. Das ist Voraussetzung für einen unverkrampften, selbstverständlichen Umgang mit Essen im Erwachsenenalter. Doch bei allem Instinkt: Feste Essenszeiten gehören dazu wie auch eine warme Mahlzeit am Tag. Warum? Solche Rahmenbedingungen bieten Kindern einerseits Sicherheit und andererseits Grenzen. Sie sollen zwar nicht lernen, nach der Uhr anstatt nach dem Magen zu essen, aber feste Zeiten garantieren das gemeinschaftliche Ess-Erlebnis und halten unkontrolliertes Herumschleckern mit Süßigkeiten und Fast Food in akzeptablen Grenzen.

Tipps und Tricks für die gesunde Kinderernährung

Beziehen Sie Ihre Kinder – wo es geht – in die Essensvorbereitung mit ein. Sprechen Sie dabei mit ihnen über Essen, dass sie stark und fit macht, über Lebensmittel und ihre Bedeutung. Lassen Sie bitte dabei den „erhobenen Zeigefinger" weg – vielleicht können Sie ja eine kleine Geschichte daraus machen, wie die kleinen Vitamine durch den Körper flutschen und lauter tolle Sachen machen? Zeigen Sie den Kindern beim Kochen und Essen immer wieder Neues, z. B., auf wie viele verschiedene Arten sich Kartoffeln zubereiten lassen.
Versuchen Sie hier zu vermitteln, dass etwa Süßigkeiten nur Extras sind, dass diese, in Mengen verzehrt, müde machen, die Lust aufs Herumtollen verderben und es doch viel cleverer wäre, stattdessen eine Banane zu essen. Oder dass die Portion Pommes zwar viel Energie liefert, aber dass sie ohne Gemüsebeilage nicht das bietet, was ein wachsender Körper so alles braucht.

Essen – kindgerecht

In diesem festgelegten Rahmen von Mahlzeiten bleibt dennoch Platz für Freiheiten. So muss Junior nicht etwa einen vorportionierten Teller leer essen. Er sollte selbst entscheiden dürfen. Da heißt es fragen, selbst nehmen lassen und die Möglichkeit zum Nachnehmen bieten. Zwischen den drei Hauptmahlzeiten kann Kindern jeweils eine Zwischenmahlzeit angeboten werden. Es ist alles erlaubt, was Energie schenkt und dazu möglichst noch Vitamine und Mineralstoffe liefert. Das kann vom bunt belegten Vollkornbrot bis hin zum fruchtigen Milchshake reichen. Okay, dann und wann auch mal was Süßes – denn Verbote würden nur zum heimlichen Naschen reizen…

Was noch zum entspannten Essen gehört

Gemeinsame Familienmahlzeiten können nur so harmonisch sein, wie das Zusammenleben sonst ist. Dazu gehört auch, eben nicht übers Essen zu reden – je unkomplizierter Eltern damit umgehen, desto weniger Stress haben Sie letztendlich. Versuchen Sie doch zusätzlich, die Sorgen vor der Küchentür zu lassen – das schlägt nur auf den Magen. Sorgen Sie für Ruhe – Fernseher aus. Übrigens: bei Musikstücken mit schnellem Rhythmus schlingen Kinder eher, bei getragenen Stücken dagegen nicht, fanden amerikanische Wissenschaftler heraus.

Gut zu wissen

Sprüche, die Kindern den Appetit verderben:

- „Iß doch was – mir zuliebe" (lieber auf den Bauch hören)
- „Es wird gegessen, was auf den Tisch kommt" (Schon lange nicht mehr)
- „Zur Strafe bekommst du keinen Nachtisch!" (Essen sollte nie Erziehungsmittel sein)
- „Andere wären froh, wenn sie etwas zu essen hätten!" (Stimmt. Aber was kann das Kind dafür?)

Kinder-Tipps

- Süßes selbst machen: Z. B. ganz einfach fettarmen Quark und Honig mischen
- Immer genug trinken – das ist auch während des Essens erlaubt. Bestens: Schorle oder Wasser
- Mal wieder Kartoffeldruck ausprobieren
- Die Lust auf Chips aufsparen – z. B. für den nächsten Kinobesuch. Dann aber richtig!

Salate und kleine Gerichte

Zubereitungszeit
1 Std. (plus 2 Std. Kühlzeit)
Kosten
preiswert
Kalorien/Portion
ca. 380 kcal

Zutaten
für 4 Personen

- 600 g fest kochende Kartoffeln
- 100 g getrocknete Tomaten in Öl
- 600 g Zucchini
- 2 rote Zwiebeln
- 200 g Sahne
- 125 ml Gemüsebrühe
- etwas Salz
- etwas schwarzer Pfeffer aus der Mühle
- 3–4 EL Weißweinessig
- 1 Bund Basilikum
- 30 g Pinienkerne

Kartoffelsalat mit Zucchini und getrockneten Tomaten

Kartoffeln kochen

1 Die Kartoffeln waschen und in wenig Wasser in etwa 20 Minuten gar kochen. Inzwischen das Öl von den Tomaten abtropfen lassen und das Öl dabei auffangen. Die Zucchini putzen, längs halbieren und die Hälften quer in dünne Scheiben schneiden.

Dressing zubereiten

2 Die Zwiebeln schälen und würfeln. Das Tomatenöl erhitzen und die Zwiebelwürfel darin glasig braten. Sahne und Gemüsebrühe zugießen und alles aufkochen lassen. Das Ganze kräftig mit Salz, Pfeffer und Weißweinessig abschmecken.

Kartoffeln in Scheiben schneiden

3 Die Kartoffeln abgießen, etwas abkühlen lassen, pellen und in Scheiben schneiden. Die Kartoffelscheiben mit der heißen Sahne übergießen und vorsichtig mischen.

Salat anrichten

4 Die abgetropften Tomaten würfeln. Tomatenwürfel und Zucchinischeiben unter die Kartoffeln heben. Das Basilikum waschen, trockentupfen, die Blätter abzupfen und in feine Streifen schneiden.

5 Die Pinienkerne in einer Pfanne bei mittlerer Hitze ohne Fett unter Rühren rösten. Basilikum und Pinienkerne zum Kartoffelsalat geben. Etwa 2 Stunden durchziehen lassen.

FamilienTipps

■ Für Kinder **Wenn Ihre Kinder getrocknete Tomaten nicht mögen sollten, ersetzen Sie diese durch 250 g geviertelte Cocktailtomaten.**

■ Variationen **Statt Pinienkernen können Sie auch die preiswerteren Sonnenblumenkerne nehmen.**
■ **Statt Basilikum schmeckt auch gehackte Rauke (Rucola) sehr gut in diesem Kartoffelsalat.**

■ Für Gäste **Dazu passt gegrillte Hähnchenbrust: Schale von 1 Limette abreiben, mit dem Saft und 3 EL Öl verrühren, würzen. Die 4 Filets mit der Marinade bestreichen und 30 Minuten durchziehen lassen, dann grillen.**

Zubereitungszeit
35 Min. (plus mind. 10 Min. Zeit zum Durchziehen)
Kosten
etwas teurer
Kalorien/Portion
ca. 500 kcal

Zutaten
für 4 Personen

- 750 g Frühkartoffeln (siehe Einkaufstipps)
- 1 Knoblauchzehe
- 4 EL Walnussöl (siehe Einkaufstipps)
- 1 TL Obstessig
- etwas Salz
- etwas Zucker
- etwas schwarzer Pfeffer aus der Mühle
- 100 g Walnusskerne
- 50–100 ml milde Gemüsebrühe
- 400 g Staudensellerie
- 100 g Gorgonzola
- einige Zweige frische Minze

Kartoffelsalat mit Staudensellerie und Walnüssen

Kartoffeln kochen

1 Die Kartoffeln waschen und in wenig Wasser in etwa 20 Minuten gar kochen. Herausnehmen und nicht schälen, sondern je nach Größe lediglich halbieren oder vierteln.

Dressing zubereiten

2 Während die Kartoffeln garen, den Knoblauch schälen und zusammen mit Öl, Essig, je 1 Prise Salz und Zucker, etwas Pfeffer, der Hälfte der Nüsse und 50 ml Brühe mit dem Mixstab pürieren.

Zutaten vorbereiten

3 Die übrigen Nüsse grob hacken. Den Sellerie waschen, putzen und in feine Scheiben schneiden. Den Käse zerkrümeln.

4 Die Minze waschen und trocknen, die Blättchen von den Stielen zupfen und einige für die Garnierung zurückbehalten. Den Rest in feine Streifen schneiden.

Salat anrichten

5 Die heißen Kartoffeln mit dem Dressing vermischen und Nüsse, Sellerie, Käse und Minzestreifen unterheben. Den Salat mit den Minzeblättchen garnieren und bis zum Servieren zugedeckt mindestens 10 Minuten zum Durchziehen stehen lassen. Nochmals durchmischen und – falls der Salat zu trocken ist – mehr Gemüsebrühe zugeben. Eventuell nachwürzen.

FamilienTipps

■ Für Kinder **Wenn Ihre Kinder mildere Käsesorten bevorzugen, den kräftigen Gorgonzola durch einen milden Sahnegorgonzola oder grob geraspelten oder in feine Streifen geschnittenen Gouda ersetzen.**

■ Einkaufstipps **Frühkartoffeln sind ab Anfang des Jahres, z. B. aus Israel, im Handel. Von Juni bis August erhält man deutsche Frühkartoffeln. Sie haben eine sehr zarte Schale, die Sie mitessen können. Da diese Kartoffeln kaum länger als 2 Wochen lagerbar sind, sollten Sie keine zu großen Mengen kaufen.**
■ Das nicht ganz billige Walnussöl erhält man inzwischen in jedem größeren Supermarkt.

Kartoffelsalat mit Roten Beten und Tomaten

Zubereitungszeit
1 Std. (plus 30 Min. Kühlzeit)
Kosten
preiswert
Kalorien/Portion
ca. 430 kcal

Zutaten
für 4 Personen

- 800 g Rote Beten
- 500 g fest kochende Kartoffeln
- 1 Bund Frühlingszwiebeln
- 400 g Tomaten
- 2 Knoblauchzehen
- 5–6 EL Zitronensaft
- 6 EL Olivenöl
- etwas Salz
- etwas schwarzer Pfeffer aus der Mühle
- 1 Bund Petersilie
- 100 g schwarze Oliven

Zutaten vorbereiten

1 Die Roten Beten gründlich waschen und in einem Topf mit Wasser bedeckt etwa 1 Stunde kochen lassen.

2 Die Kartoffeln waschen und in wenig Wasser in etwa 20 Minuten gar kochen. Abgießen, etwas abkühlen lassen und pellen. Die Kartoffeln in Scheiben schneiden. Die Roten Beten ebenfalls abgießen, kurz abkühlen lassen und pellen. Die Roten Beten ebenfalls in Scheiben schneiden.

3 Die Frühlingszwiebeln gründlich waschen, putzen und in Ringe schneiden.

Salatsauce zubereiten

4 Die Tomaten quer halbieren, Kerne und Saft entfernen und aufbewahren. Den Stielansatz der Tomaten entfernen und das Fruchtfleisch würfeln.

5 Tomatenkerne und Saft mit dem Mixstab pürieren. Den Knoblauch schälen und dazupressen. Zitronensaft und Öl untermischen und die Sauce kräftig mit Salz und Pfeffer würzen.

Salat anrichten

6 Kartoffel, Rote Beten, Frühlingszwiebeln und Tomaten vorsichtig miteinander mischen. Die Salatsauce unterheben und den Salat etwa 30 Minuten durchziehen lassen.

7 Die Petersilie waschen, trockentupfen und die Blättchen hacken. Zusammen mit den Oliven zum Salat geben.

FamilienTipps

■ Für Kinder **Wenn Ihre Kinder Oliven nicht gern essen, können Sie für die Kleinen stattdessen gehackte hart gekochte Eier zum Kartoffelsalat geben.**

■ Profitipp **Wenn Sie Zeit sparen wollen, verwenden Sie vorgedämpfte Rote Beten aus dem Vakuumpack (erhältlich in der Gemüseabteilung im Supermarkt).**

■ Variation **Für eine asiatische Variante können Sie statt Petersilie auch Koriandergrün verwenden. Ein kleines Stück Ingwer schälen, hacken und unter die Salatsauce mischen. Dann die Oliven weglassen.**

Zubereitungszeit
45 Min.
Kosten
preiswert
Kalorien/Portion
ca. 140 kcal

Zutaten
für 4 Personen

- 250 g mehlig kochende Kartoffeln
- 1/2 Stange Lauch
- 1 rote Zwiebel
- 1 EL Butter
- 1/2 Bund Dill
- 1 frisches Eigelb
- 1 EL Senf
- etwas Salz
- etwas weißer Pfeffer aus der Mühle
- Bauernbrot

Kartoffelcreme mit Dill

Kartoffeln kochen

1 Die Kartoffeln waschen und über kochendem Wasser im geschlossenen Topf etwa 25 Minuten dämpfen (siehe unten).

Lauch vorbereiten

2 Inzwischen den Lauch putzen, längs einschneiden und waschen. Den Lauch in kleine Würfel schneiden. Die Zwiebel schälen und fein würfeln.

3 Die Butter in einer Pfanne zerlassen. Lauch und Zwiebel darin unter Rühren etwa 5 Minuten anbraten.

Kartoffelcreme zubereiten

4 Die Kartoffeln pellen und heiß zweimal durch die Kartoffelpresse drücken. Dann die Lauch-Zwiebel-Mischung unterheben.

5 Den Dill waschen, trockentupfen und fein hacken. Dill und Eigelb unter die Kartoffeln mischen. Die Kartoffelcreme mit Senf, Salz und Pfeffer abschmecken und mit frischem Bauernbrot servieren.

Kartoffeln dämpfen

Achten Sie bei der Auswahl der Kartoffeln darauf, dass sie möglichst gleich groß sind.

Das Wasser aufkochen und die Kartoffeln im Faltkorb oder dem Dämpfeinsatz dämpfen.

Es geht auch einfacher: Einen passenden Topfuntersatz auf eine umgedrehte Tasse in den Topf stellen.

FamilienTipps

■ **Für Kinder** Möhrentaler mit Kartoffelcreme fürs Kinderbüfett: 2–3 dicke Möhren schälen und schräg in Scheiben schneiden. Die Kartoffelcreme darauf setzen und das Ganze mit angerösteten Sesamsamen bestreuen.

■ **Variation** Wenn Sie Lauch nicht so gern mögen, ersetzen Sie ihn durch 100 g gewürfelte getrocknete Tomaten in Öl. Dann sollten Sie auch das Basilikum weglassen und stattdessen statt Dill nehmen.

■ **Fürs Picknick** Dieser deftige Brotaufstrich lässt sich sehr gut auf ein Picknick oder die nächste Wanderung mitnehmen. Mit Laugengebäck schmeckt er im Freien besonders gut.

Zubereitungszeit
je 45 Min.
Kosten
preiswert
Kalorien/Portion
Variation 1:
ca. 410 kcal
Variation 2:
ca. 260 kcal

Zutaten

für 4 Personen

- 750 g fest kochende Kartoffeln
- etwas Salz
- etwas weißer Pfeffer aus der Mühle

Variation 1

- 40 g Sonnenblumenkerne
- 2 Bund Basilikum
- 250 g Sahne
- 2 EL Butter

Variation 2

- 2 EL Senfkörner
- 1 Bund Dill
- 150 g Gewürzgurken
- 250 ml Milch
- 4 EL Butter
- 2 EL Senf

Kartoffelpüree-Variationen

Kartoffeln kochen

1 Die Kartoffeln schälen, grob zerteilen und in 1/2 l Salzwasser etwa 20 Minuten kochen lassen.

2 Die Kartoffeln abgießen und abdämpfen. Heiß durch die Kartoffelpresse drücken.

Variation 1: Kartoffel-Basilikum-Püree

3 Die Sonnenblumenkerne in einer Pfanne ohne Fett unter Rühren goldbraun rösten. Beiseite stellen. Das Basilikum waschen und trockentupfen. Die Blättchen abzupfen, grob hacken und mit der Hälfte der Sahne mit dem Mixstab pürieren.

4 Die restliche Sahne und die Butter mit einem Schneebesen unter die Kartoffeln schlagen. Dann die Basilikumsahne unterarbeiten. Alles mit Salz und Pfeffer abschmecken und mit den Sonnenblumenkernen bestreuen. Diese Variation passt besonders gut zu gebratener Entenbrust.

Variation 2: Kartoffel-Senf-Püree

3 Die Senfkörner in einer Pfanne ohne Fett unter Rühren rösten. Den Dill waschen, trockentupfen und hacken. Die Gewürzgurken fein würfeln.

4 Milch und Butter erhitzen und mit einem Schneebesen unter die Kartoffeln schlagen. Dill, Gurken, Senf und fast alle Senfkörner untermischen, salzen und pfeffern. Die restlichen Senfkörner darüber streuen. Diese Variation passt besonders gut zu gebratenem Fisch.

FamilienTipps

■ Für Kinder **Sonnenblumenkerne oder Senfkörner können auch kleine Meisterköche schon rösten. Außerdem müssen Basilikum bzw. Dill gewaschen und abgezupft werden.**

■ Spartipp **Übriges Kartoffelpüree und Braten- oder Fischreste in eine gefettete Form geben. Mit Parmesan bestreuen und im vorgeheizten Backofen bei 200 °C (Umluft 170 °C; Gas Stufe 3) goldgelb überbacken.**

■ Für Gäste **Große Kartoffeln als Pellkartoffeln kochen. Jeweils das obere Drittel abschneiden, die Kartoffeln aushöhlen. Aus dem Entfernten das Püree zubereiten und in die Schalen gefüllt servieren.**

Pilz-Kartoffel-Tarteletts

Zubereitungszeit
1 1/2 Std. (plus 30 Min. Ruhezeit)
Kosten
etwas teurer
Kalorien
ca. 440 kcal

Zutaten
für 4–6 Personen

- einige Zweige frischer Thymian
- 75 g gekochte Kartoffeln vom Vortag
- gut 150 g Butter
- gut 150 g Mehl
- 1 frisches Eigelb
- etwas Salz und Pfeffer
- 350 g Austernpilze
- 1 kleines Bund Petersilie
- 1 Schalotte
- 1 kleine Knoblauchzehe
- 2 TL Zitronensaft
- einige zerzupfte Blättchen Basilikum
- 6 frische Eier
- 4 EL geriebener Parmesan

Teig zubereiten

1 Den Thymian waschen, trocknen und fein hacken. Die Kartoffeln fein reiben. 75 g Butter und 150 g Mehl mit den Fingerspitzen vermischen. Mit Thymian, Kartoffeln, Eigelb und etwas Salz und Pfeffer rasch zu einem geschmeidigen Teig kneten. Eventuell noch 1–2 EL Mehl mehr unterarbeiten. Alles zugedeckt etwa 30 Minuten kühl stellen.

2 Den Teig auf einer bemehlten Arbeitsfläche etwa 3 mm dick ausrollen. Mit einem Ausstecher (Ø etwa 15 cm) 6 Kreise ausstechen. 6 Tartelettförmchen gut fetten, die Teigkreise hineindrücken. Den Boden jeweils mit einer Gabel einstechen. Kühl stellen.

Füllung zubereiten

3 Die Pilze putzen, mit Küchenkrepp abreiben und klein schneiden. Die Petersilie waschen, trockentupfen und hacken. Schalotte und Knoblauch schälen und fein hacken.

4 In einer Pfanne etwa 5 EL Butter zerlassen und die Schalotte und den Knoblauch darin glasig braten. Die Pilze und den Zitronensaft hinzufügen und alles unter Rühren braten, bis der Pilzsaft verdampft ist. Petersilie und Basilikumblättchen unterrühren. Mit Salz und Pfeffer abschmecken.

Tarteletts fertig stellen

5 Den Ofen auf 200 °C (Umluft 170 °C; Gas Stufe 3) vorheizen. Die Füllung auf den Tarteletts verteilen, in die Mitte jeweils eine Vertiefung drücken und dort hinein je 1 Ei aufschlagen. Die Tarteletts auf der mittleren Schiene in etwa 30 Minuten goldgelb und knusprig backen.

6 Nach etwa 20 Minuten Backzeit die Tarteletts mit Parmesan bestreuen. Die restliche Butter zerlassen und darüber träufeln.

FamilienTipps

■ **Für Kinder** Statt der Pilze können auch 300 g gehackter TK-Spinat verwendet werden. Dann den Parmesan durch Gouda ersetzen und den Kartoffelteig statt mit Thymian mit Muskat würzen.

■ **Profitipp** Wenn im Herbst auf dem Markt frische Wildpilze angeboten werden, können Sie nach diesem Rezept die unterschiedlichsten Tartelettsorten herstellen – etwa Steinpilz-, Birkenröhrling-, Wiesenchampignon- oder Pfifferling-Tarteletts – das macht sich auf einem Büfett sehr schön. Das Basilikum sollten Sie durch viel frisch gehackten Majoran ersetzen und den Parmesan durch Butterkäse.

Kartoffelwaffeln mit Käsecreme

Zubereitungszeit
45 Min.
Kosten
etwas teurer
Kalorien/Portion
ca. 750 kcal

Zutaten
für 4 Personen

- 250 g Pellkartoffeln vom Vortag
- 1 Zwiebel
- 3 frische Eier
- etwas Salz
- 250 ml Buttermilch
- etwas weißer Pfeffer aus der Mühle
- 250 g Mehl
- 2 TL Backpulver
- 150 g Frühstücksspeck (Bacon)
- 150 g Blauschimmelkäse
- 300 g saure Sahne
- 1 Bund Schnittlauch

Kartoffeln vorbereiten

1 Die kalten Kartoffeln pellen und dann durch die Kartoffelpresse drücken. Die Zwiebel schälen und auf der Rohkostreibe fein reiben.

Waffelteig zubereiten

2 Die Eier trennen. Dann die Eiweiße mit einer Prise Salz steif schlagen.

3 In einer Schüssel die Eigelbe und die Buttermilch miteinander verrühren. Dann die Kartoffeln und die Zwiebel untermischen. Alles kräftig mit Salz und Pfeffer würzen. Mehl und Backpulver mischen und auf die Kartoffelmasse geben.

4 Den Eischnee auf dem Mehl verteilen und alles vorsichtig mit dem Schneebesen durchmischen.

Waffeln backen

5 Das Waffeleisen aufheizen und einfetten. Je etwa 2 EL Teig ins Waffeleisen geben und die Waffeln nach Gebrauchsanweisung des Geräts backen.

Käsecreme zubereiten

6 Den Speck würfeln und bei mittlerer Hitze knusprig ausbraten. Auf Küchenkrepp abtropfen lassen.

7 Den Blauschimmelkäse mit dem Mixstab pürieren und dabei die saure Sahne unterarbeiten. Den Schnittlauch waschen, trockentupfen und in Röllchen schneiden. Schnittlauch und Speck unter die Käsecreme mischen. Die Waffeln mit der Käsecreme servieren.

FamilienTipps

■ Für Kinder **Das Waffelbacken steht bei Kindern hoch im Kurs! Unter Ihrer Aufsicht geht es schnell und macht allen großen Spaß.**

■ Variation **Für Leckermäuler aller Altersstufen: Reichen Sie statt der Käsecreme selbst gemachtes Apfelkompott zu den Kartoffelwaffeln.**

■ Profitipps **Fertige Waffeln können Sie auf dem Backofenrost bei 75 °C (Umluft ca. 50 °C; Gas Stufe 1) warm halten.**
■ Übrig gebliebene Waffeln werden im Toaster wieder knusprig.

Zubereitungszeit
1 1/2 Std.
Kosten
etwas teurer
Kalorien/Portion
ca. 410 kcal

Zutaten
für 4 Personen

- 600 g Kartoffeln
- 50 g Doppelrahm-Frischkäse mit Kräutern
- 1 frisches Ei
- 3 EL Mehl
- etwas Salz
- 100 g Chorizo-Wurst (siehe Tipp)
- 1 kleine Zwiebel
- 1/2 rote Paprikaschote
- 50 g Pilze
- 250 g Tatar
- je 1 EL Ketchup und Tomatenmark
- etwas schwarzer Pfeffer aus der Mühle
- einige Blättchen frisches Basilikum
- 75 g Greyerzer
- Mehl zum Bestäuben

Kartoffel-Hack-Roulade

Teig zubereiten

1 Die Kartoffeln waschen und in einem Topf in wenig Wasser 20–30 Minuten lang garen. Die Kartoffeln abgießen, etwas abkühlen lassen, pellen und durch die Kartoffelpresse drücken. Den Frischkäse unterrühren. Alles etwas ausdampfen lassen. Das Ei verquirlen und etwa zwei Drittel davon, das Mehl sowie 1 TL Salz untermengen. Die Masse zu einem geschmeidigen Teig verkneten.

Füllung zubereiten

2 Die Wurst fein hacken. Die Zwiebel schälen, die Paprikaschote waschen und putzen und beides ebenfalls fein hacken. Die Pilze putzen, mit Küchenkrepp abreiben und klein schneiden. Alles mit dem Tatar vermengen. Zuletzt Ketchup und Tomatenmark sowie etwas Salz und Pfeffer unterrühren.

Roulade rollen und backen

3 Das Basilikum waschen einige Blätter abzupfen. Den Käse fein reiben. Den Teig auf einem bemehlten Küchentuch zu einem Quadrat von etwa 30 cm Kantenlänge ausrollen und die Roulade fertig stellen (siehe unten).

4 Den Ofen auf 180 °C (Umluft 150 °C; Gas Stufe 2) einstellen, die Roulade hineinschieben und in etwa 45–50 Minuten backen. Nach 30 Minuten Backzeit den Käse darüber streuen und die Roulade weiter goldbraun backen.

Roulade herstellen

Den ausgerollten Kartoffelteig auf dem Tuch lassen, mit der Füllung bestreichen, eine Seite etwa 4 cm breit frei lassen. Die Füllung mit dem Basilikum bestreuen.

Von der dem frei gelassenen Rand gegenüber liegenden Seite beginnend die Rolle mithilfe des Tuchs locker aufrollen.

Die Roulade mit der Naht nach unten auf das Backblech rollen und mit dem mit etwas Wasser verschlagenen restlichen Ei bestreichen. Nach 30 Minuten Backzeit den Käse über die Roulade streuen und dann goldbraun backen.

FamilienTipps

■ **Für Kinder** Was sich wohl in dieser Überraschungsrolle verbirgt? Nach Belieben statt der sehr würzigen Chorizo (spanische Paprikawurst) gut abgetropften, mit Küchenkrepp trockengetupften Erbsen-Möhren-Paprika-Mix (aus der Dose) unter das Tatar mengen.

■ **Spartipp** Von dieser Hack-Roulade im Kartoffelmantel wird sich die ganze Familie gern eine Scheibe abschneiden! Etwas preiswerter wird dieses Gericht, wenn Sie das Tatar durch dieselbe Menge Hackfleisch ersetzen.

■ **Für Gäste** Reichen Sie dazu eine stückige Tomatensauce: 500 g Tomaten enthäuten und das Fruchtfleisch hacken. Mit etwas Öl anbraten, 1 Knoblauchzehe dazupressen und alles mit etwas Zitronensaft, Salz, Pfeffer und Zucker abschmecken, mit Basilikum würzen.

Suppen und Eintöpfe

LE CREUSET
LE CREUSET

Zubereitungszeit
45 Min.
Kosten
etwas teurer
Kalorien/Portion
ca. 240 kcal

Kartoffel-Brunnenkresse-Suppe

Zutaten
für 4 Personen

- 1 Zwiebel
- 350 g Kartoffeln
- 250 g Brunnenkresse
- 25 g Butter
- 600 ml Hühnerbrühe (Instant)
- 200 ml Milch
- 50–100 g Sahne
- etwas geriebene Muskatnuss
- etwas Salz
- etwas schwarzer Pfeffer aus der Mühle
- ½ Bund Schnittlauch

Zutaten vorbereiten

1 Die Zwiebel schälen und grob hacken. Die Kartoffeln schälen und in Stücke schneiden.

2 Die Brunnenkresse verlesen, waschen und trocknen. Einige Blättchen für die Garnitur zurücklegen.

Suppe zubereiten

3 Die Butter in einem großen Topf erhitzen und die Zwiebel darin bei schwacher Hitze unter gelegentlichem Rühren glasig braten, auf keinen Fall jedoch braun werden lassen.

4 Die Kartoffeln zu der Zwiebel geben, Brühe und Milch zugießen. Alles aufkochen lassen und zugedeckt etwa 20 Minuten garen, bis die Kartoffeln weich sind.

5 Die Brunnenkresse hinzufügen und etwa ½ Minute mitköcheln. Dann die Suppe mit dem Mixstab kurz pürieren – Achtung: zu langes Pürieren macht die Suppe „schleimig". So viel Sahne zufügen, bis die Suppe die gewünschte Farbe und Konsistenz hat. Mit Muskatnuss, Salz und Pfeffer abschmecken.

Suppe servieren

6 Den Schnittlauch waschen, trockentupfen und in feine Röllchen schneiden. Die Suppe in eine Terrine oder in tiefe Teller füllen und mit dem Schnittlauch und den zurückgelegten Brunnenkresseblättchen garnieren.

FamilienTipps

■ **Für Kinder** Brunnenkresse hat einen leicht scharfen Geschmack. Für eine mildere Suppe nehmen Sie stattdessen 300 g frischen Spinat. Zudem können Sie hart gekochte Eischeiben auf die angerichtete Suppe geben.

■ **Gesundheitstipp** Brunnenkresse enthält wichtige Mineralstoffe wie Schwefel, Eisen und Jod. Ihre Senföle stärken den Magen und das Immunsystem und bringen die Verdauung in Schwung.

■ **Für Gäste** Wenn Sie Gäste erwarten, reichen Sie diese Suppe als Vorspeise. Verfeinern Sie sie dann mit etwas trockenem Weißwein und geben Sie 60 g in Streifen geschnittenen Räucherlachs hinein.

Zubereitungszeit
1 1/4 Std.
Kosten
etwas teurer
Kalorien/Portion
ca. 500 kcal

Zutaten
für 4 Personen

- 250 g TK-Riesengarnelen (roh, geschält)
- 500 g mehlig kochende Kartoffeln
- 2 Zwiebeln
- 1 Knoblauchzehe
- 6 EL Öl
- 750 ml Gemüsebrühe
- 200 ml Kokosmilch aus der Dose
- etwas Salz
- etwas Cayennepfeffer
- 40 g frischer Ingwer
- 1 rosa Grapefruit
- 100 g Sahne
- 1 Bund Koriandergrün

Kartoffel-Kokos-Suppe mit Garnelen

Zutaten vorbereiten

1 Die Garnelen auftauen lassen. Die Kartoffeln schälen und in dünne Scheiben schneiden. Zwiebeln und Knoblauch schälen. Die Zwiebeln längs halbieren. Die Hälften und den Knoblauch in dünne Scheiben schneiden.

2 Etwa 3 EL Öl in einem großen Topf erhitzen. Kartoffeln, Zwiebeln und Knoblauch darin andünsten. Brühe und Kokosmilch verrühren, zugeben und aufkochen. Die Suppe mit Salz und Cayennepfeffer würzen und bei kleiner Hitze etwa 20 Minuten kochen lassen.

Ingwer und Garnelen braten

3 Den Ingwer dünn schälen und in dünne Scheiben schneiden. In 2 EL Öl goldbraun braten.

4 Bei den aufgetauten Garnelen eventuell den dunklen Darmfaden entfernen. Die Garnelen trockentupfen und im restlichen Öl etwa 2 Minuten braten.

Grapefruit filetieren

5 Die Grapefruit schälen und filetieren (siehe unten). Den aufgefangenen Grapefruitsaft zur Suppe geben und diese mit dem Mixstab fein pürieren.

Suppe fertig stellen

6 Sahne, Grapefruitfilets und Garnelen in die Suppe geben und erhitzen (nicht mehr kochen lassen).

7 Das Koriandergrün waschen, trockentupfen und grob hacken. Mit dem Ingwer auf die Suppe geben.

Grapefruit filetieren

Die Grapefruit heiß abspülen. An Ober- und Unterseite der Grapefruit eine Scheibe abschneiden.

Die Grapefruit auf eine der Schnittflächen stellen und die Schale von oben nach unten so abschneiden, dass die weiße Innenhaut mit entfernt wird.

Die Grapefruitfilets mit einem scharfen Messer zwischen den Trennhäuten herausschneiden. Dabei den austretenden Saft auffangen.

FamilienTipps

■ **Für Kinder** Wenn Ihre Kinder keinen Ingwer mögen, 50 g Zuckerschoten längs halbieren und in kochendem Salzwasser 2 Minuten garen. Kalt abschrecken, gut abtropfen lassen und auf die Kartoffel-Kokos-Suppe geben.

■ **Spartipp** Preiswerter wird diese Suppe, wenn Sie Seelachs statt der Garnelen verwenden. Den Fisch in Würfel schneiden, salzen und pfeffern. 1 EL Chiliöl zum Bratöl hinzugeben und die Fischwürfel rundherum anbraten.

■ **Profitipp** Übrig gebliebene Suppe können Sie einfrieren. Dabei aber die restlichen Grapefruitfilets und Garnelen herausnehmen und extra einfrieren. Diese dann später in der heißen Suppe wieder auftauen lassen.

Zubereitungszeit
1 Std.
Kosten
preiswert
Kalorien/Portion
ca. 470 kcal

Kartoffelcurry mit Aprikosen

Zutaten
für 4 Personen

- 800 g Kartoffeln
- etwas Salz
- je 1 grüne und rote Paprikaschote
- 400 g Aprikosen
- 1 Bund Frühlingszwiebeln
- 1 rote Zwiebel
- 4 EL Butterschmalz
- 2–3 EL mildes Currypulver
- 2 EL Mehl
- 400 ml Gemüsebrühe
- 200 g Sahne
- etwas weißer Pfeffer aus der Mühle
- 1 Bund Petersilie

Zutaten vorbereiten

1 Die Kartoffeln schälen, grob würfeln und 20 Minuten in Salzwasser kochen. Die Kartoffeln abgießen und abtropfen lassen.

2 Die Paprika waschen, putzen, und in mundgerechte Stücke schneiden.

3 Die Aprikosen mit kochendem Wasser überbrühen, kalt abschrecken und häuten. Die Früchte entkernen und achteln.

4 Die Frühlingszwiebeln waschen, putzen und in etwa 3 cm lange Stücke schneiden. Die rote Zwiebel schälen und fein würfeln.

Currysauce zubereiten

5 In einem Topf 2 EL Butterschmalz erhitzen und die rote Zwiebel darin glasig braten. Curry und Mehl zugeben und alles unter Rühren etwa 2 Minuten rösten. Die Gemüsebrühe zugeben und aufkochen lassen. Alles bei schwacher Hitze etwa 5 Minuten köcheln lassen.

6 Die Sahne zugeben und die Sauce mit Salz und Pfeffer abschmecken.

Paprika braten

7 Das restliche Butterschmalz im Wok (oder in einer großen Pfanne) erhitzen. Paprika und Frühlingszwiebeln darin bei mittlerer Hitze unter Rühren etwa 5 Minuten braten. Kartoffeln, Aprikosen und Currysauce zugeben und erhitzen.

8 Die Petersilie waschen, trockentupfen, grob hacken und über das Kartoffelcurry geben.

FamilienTipps

■ Für Kinder **Spannender für die Kleinen wird das Kartoffelcurry mit Kokoscreme (aus der Dose) anstelle der Sahne. Für Kinder mit Milcheiweiß-Allergie ersetzen Sie die Sahne durch Sojacreme.**

■ Variationen **Das Rezept wird mit Aprikosen aus der Dose einfacher.**
■ **Das Curry wird exotischer, wenn Sie das gewürfelte Fruchtfleisch einer Mango zu den angebratenen Paprikastücken geben.**

■ Profitipp **Für das Kartoffelcurry können Sie die geschälten Kartoffeln auch über kochendem Wasser etwa 25 Minuten im geschlossenen Topf dämpfen.**

Kartoffel-Ratatouille

Zubereitungszeit
1 Std.
Kosten
preiswert
Kalorien/Portion
ca. 270 kcal

Zutaten

für 4 Personen

- 2 mittelgroße Auberginen
- 6 kleine Zucchini
- etwas Salz
- 1 große Zwiebel
- 1 große Knoblauchzehe
- je 1 rote und gelbe Paprikaschote
- 3 vollreife aromatische Tomaten
- 600 g fest kochende Kartoffeln
- 3 EL Olivenöl
- etwas schwarzer Pfeffer aus der Mühle
- einige Zweige Thymian, Majoran und Oregano
- einige Basilikumblättchen

Gemüse vorbereiten

1 Die Auberginen und die Zucchini waschen, putzen und in Scheiben schneiden. Die Auberginenscheiben auslegen und salzen.

2 Die Zwiebel und den Knoblauch schälen und die Zwiebel hacken. Die Paprikaschoten waschen, putzen und in Streifen schneiden. Die Tomaten über Kreuz einritzen, kurz überbrühen, abschrecken und enthäuten. Das Fruchtfleisch grob hacken. Die Kartoffeln schälen und grob würfeln. Die Auberginen mit Küchenkrepp trockentupfen.

Eintopf zubereiten

3 Die Zwiebel in einem großen Topf in 2 EL Öl bei mittlerer Hitze glasig braten. Die Auberginenscheiben hinzufügen und kurz mitbraten. Das restliche Öl und die Paprikastreifen in den Topf geben, den Knoblauch dazupressen. Alles kurz unter Rühren anbraten. Zuletzt die Zucchini mitbraten.

4 Kartoffeln, Tomaten, etwas Salz und Pfeffer zum Gemüse geben und alles zugedeckt etwa 30 Minuten köcheln lassen.

5 Die Kräuter waschen, trockenschütteln und – das Basilikum getrennt von den anderen Kräutern – hacken. Thymian, Majoran und Oregano in den Topf geben und mitkochen lassen. Wenn die Kartoffeln gar sind, den Eintopf abschmecken und heiß, warm oder kalt, mit Basilikum bestreut, servieren.

FamilienTipps

■ Für Kinder Lassen Sie sich von Ihren Kindern helfen: Sie können Auberginen, Zucchini und Paprika waschen, putzen und schneiden. So übernehmen sie in der Küche auch Verantwortung.

■ Profitipp Dieses Gericht eignet sich gut für ein Essen an heißen Sommertagen, da es auch kalt schmeckt. Bereiten Sie also die doppelte Menge zu und bewahren Sie einen Teil davon im Kühlschrank auf.

■ Partnertipp Übrig gebliebenes Ratatouille können Sie auch als Beilage reichen, etwa zu gebratenem Fisch – eine schnell zubereitete schmackhafte Mahlzeit, wenn Ihr Partner spät nach Hause kommt.

Zubereitungszeit
1 ½ Std.
Kosten
etwas teurer
Kalorien/Portion
ca. 430 kcal

Zutaten
für 4 Personen

- 500 g gelbe, rote und grüne Paprikaschoten
- 2 rote Zwiebeln
- 2 Knoblauchzehen
- 1 Bund Oregano (oder 2 TL getrockneter Oregano)
- 600 g mehlig kochende Biokartoffeln
- 500 g Rindergulasch
- etwas Salz
- etwas schwarzer Pfeffer aus der Mühle
- 3 TL Paprikapulver, edelsüß
- 3 Lorbeerblätter
- 2 TL Kümmel
- 400 ml Gemüsebrühe (Instant)
- 1 Bund Petersilie
- 200 g Schmand

Paprika-Kartoffel-Topf

Tontopf vorbereiten

1 Rechtzeitig einen Tontopf gemäß der Gebrauchsanweisung wässern.

Zutaten vorbereiten

2 Die Paprikaschoten waschen, putzen und grob stückeln. Die Zwiebeln und den Knoblauch schälen. Die Zwiebeln in Ringe schneiden, den Knoblauch hacken.

3 Den Oregano waschen, trockentupfen und die Blättchen abzupfen. Die Kartoffeln in kaltem Wasser gründlich abbürsten und grob würfeln.

Tontopf füllen und garen

3 In einer Schüssel Fleisch, Kartoffeln, Salz, Pfeffer und Paprikapulver mischen. Die Masse abwechselnd mit Paprikastücken, Zwiebeln, Knoblauch, Oregano, Lorbeerblättern und Kümmel in den Tontopf schichten. Die Brühe zugießen und den Tontopf schließen.

4 Den Tontopf in den kalten Backofen stellen. Den Paprika-Kartoffel-Topf bei 225 °C (Umluft 200 °C; Gas Stufe 4) etwa 1 Stunde schmoren lassen.

Schmandsauce zubereiten

5 Die Petersilie waschen, trockentupfen und die Blättchen hacken. Unter den Schmand rühren und zum Paprika-Kartoffel-Topf servieren.

FamilienTipps

■ Für Kinder **Ihre Kinder mögen keinen Kümmel? Im Reformhaus bekommen Sie Dillsamen, deren Geschmack nicht so intensiv ist.**

■ Gesundheitstipp **Oregano ist ein typisches Gewürz der Mittelmeerländer. Er ist verwandt mit Majoran. Beide Kräuter unterstützen die Funktionen des Verdauungsapparats.**

■ Profitipp **Wenn Sie zu einer Feier eingeladen sind, zu der Sie eine Speise beitragen sollen, können Sie dieses Gericht im Tontopf mitnehmen (Schmand extra einpacken). Vor Ort aufwärmen.**

Zubereitungszeit
1 Std.
Kosten
etwas teurer
Kalorien/Portion
ca. 400 kcal

Zutaten
für 4 Personen

- 2 rote Zwiebeln
- 1 Knoblauchzehe
- 1/4 Spitzkohl (ca. 400 g; siehe Tipp)
- etwas Essig
- 1 kleine gelbe Paprikaschote
- 100 g Shiitake-Pilze (siehe Profitipp)
- 500 g Kartoffeln
- 50 g Butter
- 600 ml Fischfond
- etwas Salz
- etwas Cayennepfeffer
- 150 g mittelgroße ganze Garnelen mit Schale
- 250 g Kabeljaufilet
- 400 ml Milch
- 1 Bund Dill

Fisch-Kartoffel-Suppe

Gemüse vorbereiten

1 Zwiebeln und Knoblauch schälen. Die Zwiebel in Halbringe schneiden und den Knoblauch fein hacken. Den Spitzkohl kurz in mit etwas Essig versetztes Wasser legen, abtropfen lassen und die Blätter grob schneiden.

2 Die Paprikaschote waschen, putzen und klein schneiden. Die Pilze putzen, mit Küchenkrepp abreiben und in dicke Scheiben schneiden. Die Kartoffeln schälen und in mundgerechte Stücke schneiden.

Eintopf zubereiten

3 Die Butter in einem großen Topf erhitzen und Zwiebeln, Knoblauch, Kohl, Paprika und Pilze darin unter Rühren etwa 5 Minuten braten. Die Kartoffeln dazugeben und kurz mitbraten. Den Fond zugießen und alles salzen und pfeffern. Die Suppe aufkochen und zugedeckt etwa 20 Minuten kochen lassen.

4 Die Garnelen schälen und den Darm entfernen (siehe unten). Den Fisch in grobe Stücke schneiden und mit der Milch in den Topf geben. Aufkochen lassen, die Garnelen hinzufügen und alles nochmals knapp 10 Minuten garen, bis der Fisch zu zerfallen beginnt.

5 Den Dill waschen, trockentupfen und fein hacken. Den Eintopf abschmecken und danach den größten Teil des Dills unterrühren.

Eintopf servieren

6 Den restlichen Dill über die Suppe streuen. Die Suppe so garniert servieren.

Garnelen schälen

Den Kopf abziehen, dann die Schale und das Schwanzende mit den Fingern entfernen.

Einen – nicht sehr tiefen – Einschnitt in den Rücken der Garnele machen.

Abschließend den dunklen Darm mit dem Messer anheben und abziehen.

FamilienTipps

■ **Für Kinder** Weißkohl ist sehr gesund, aber wegen seines etwas strengen Geschmacks bei Kindern nicht sehr beliebt. Spitzkohl ist hier eine prima Alternative. Er ist feiner im Geschmack, die Blätter sind zarter und er ist leichter verdaulich.

■ **Profitipp** Die würzig schmeckenden Shiitake-Pilze können Sie das ganze Jahr über frisch und getrocknet bekommen. Wenn Sie getrocknete Shiitake-Pilze verwenden, müssen Sie sie vor der Verwendung mindestens 5 Stunden einweichen.

■ **Für Gäste** So wird diese Suppe zu einem edlen Gästeessen: Ersetzen Sie die Hälfte des Fischfonds durch trockenen Weißwein, statt der Shiitake-Pilze nehmen Sie frische Steinpilze und den Kabeljau ersetzen Sie durch Seeteufel.

Zubereitungszeit
1 Std.
Kosten
preiswert
Kalorien/Portion
ca. 330 kcal

Winterlicher Kartoffeleintopf

Zutaten
für 4 Personen

- 1 kleines Stück frischer Ingwer
- 750 g Kartoffeln
- 200 g Grillzwiebeln
- 150 g Knollensellerie
- 300 g Möhren
- 1 Knoblauchzehe
- 3 EL Öl
- 1/2 TL gemahlener Kreuzkümmel
- 1 TL gemahlener Koriander
- 900 ml Gemüsebrühe
- 150 g Champignons
- 200 g gegarte Kichererbsen aus der Dose
- 1–2 TL mittelscharfer Senf
- etwas Salz
- etwas schwarzer Pfeffer aus der Mühle
- 1 kleines Bund Koriandergrün

Zutaten vorbereiten

1 Den Ingwer schälen und fein hacken. Die Kartoffeln schälen und in mundgerechte Stücke schneiden, die Zwiebeln schälen und halbieren oder vierteln. Sellerie und Möhren waschen, putzen und in Stifte schneiden. Den Knoblauch schälen.

Eintopf zubereiten

2 Das Öl in einem großen Topf erhitzen und den Ingwer mit gemahlenem Kreuzkümmel und Koriander darin anbraten. Den Knoblauch dazupressen und kurz mitbraten. Kartoffeln, Zwiebeln, Sellerie und Möhren hinzufügen und unter gelegentlichem Rühren etwa 5 Minuten braten.

3 Die Brühe zugießen, aufkochen lassen, eventuell aufsteigenden Schaum abschöpfen und alles bei mittlerer Hitze etwa 15 Minuten zugedeckt kochen.

4 Inzwischen die Pilze putzen, mit Küchenkrepp abreiben und längs halbieren oder vierteln. Die Kichererbsen abtropfen lassen. Pilze und Kichererbsen in den Topf geben und den Eintopf nochmals etwa 15 Minuten köcheln lassen, bis die Kartoffeln weich sind.

Eintopf servieren

5 Das Koriandergrün waschen, trockentupfen und fein hacken. Den Eintopf mit Senf, Salz und Pfeffer abschmecken. Mit dem Koriandergrün bestreut servieren.

FamilienTipps

■ **Für Kinder** Wenn Sie Ihren Kindern erlauben, aus Kartoffeln, Möhren und Sellerie Formen auszustechen, werden sie mit Begeisterung in der Küche helfen. Kartoffeln können sie mithilfe eines Kugelausstechers zu Kugeln, den in Scheiben geschnittenen Sellerie und Möhren mithilfe kleiner Ausstechformen zu Figuren verarbeiten. Die übrig gebliebenen Gemüsestücke klein schneiden und auch verwenden.

■ **Gesundheitstipp** Kartoffeln enthalten hochwertiges Eisen (wichtig für die Blutbildung), reichlich B-Vitamine, Fluorid (wichtig für harte Zähne), Magnesium, Kalzium und sind eine gute Vitamin-C-Quelle.

Zubereitungszeit
1 Std.
Kosten
etwas teurer
Kalorien/Portion
ca. 560 kcal

Asiatischer Lamm-Kartoffel-Eintopf

Zutaten
für 4 Personen

- 500 g mageres Lammfleisch
- Salz, Pfeffer
- 4 EL Olivenöl
- 1 Zwiebel
- 1 Knoblauchzehe
- 2 rote Paprikaschoten
- 1 kleines Stück frischer Ingwer
- 750 g kleine neue Kartoffeln
- 1/2 TL Kreuzkümmel
- 1 EL mildes Currypulver
- 1/2–1 TL scharfes Currypulver
- 750 ml Fleischbrühe
- 2 EL Worcestersauce
- 2 EL Sojasauce
- 1–2 EL Speisestärke
- 1/2 Bund Petersilie
- 1 Bund Koriandergrün

Fleisch zubereiten

1 Das Lammfleisch mit Küchenkrepp abtupfen, in mundgerechte Stücke schneiden und rundum mit Salz und Pfeffer würzen.

2 In einem großen, gut schließenden Topf 2 EL Olivenöl erhitzen und die Fleischstücke darin offen etwa 10 Minuten unter Rühren braten und dann wieder aus dem Topf nehmen. Beiseite stellen.

Gemüse vor- und zubereiten

3 Die Zwiebel und den Knoblauch schälen und hacken. Die Paprikaschoten waschen, putzen und in feine Streifen schneiden. Den Ingwer schälen und sehr fein hacken. Zwiebel, Knoblauch, Ingwer und Paprika im restlichen Öl einige Minuten unter Rühren anbraten. Die Kartoffeln waschen, gründlich bürsten und halbieren.

Eintopf fertig stellen

4 Kartoffeln, gemahlenen Kreuzkümmel und Currypulver kurz mitbraten. Brühe, Worcester- und Sojasauce hinzufügen und das Fleisch unterrühren. Den Eintopf aufkochen lassen und zugedeckt etwa 30 Minuten garen, bis die Kartoffeln und das Fleisch weich sind.

5 Die Speisestärke mit etwas kaltem Wasser anrühren und die Flüssigkeit damit binden. Die Petersilie und das Koriandergrün waschen, trockentupfen, fein hacken und die Hälfte in den Eintopf rühren. Den Eintopf in tiefe Teller portionieren und mit den restlichen Kräutern bestreut servieren.

FamilienTipps

■ **Für Kinder** Wenn kleinere Kinder mitessen, den Ingwer mit seinem intensiven und scharfen Geschmack weglassen und auch insgesamt mit Gewürzen und Saucen sparsamer umgehen.

■ **Einkaufstipp** Frischer Ingwer hat einen erfrischend scharfen Geschmack. In vielen Gerichten nach asiatischer Art ist Ingwer ein Muss. Beim Kauf sollten Sie darauf achten, feste, silbrig glänzende Wurzeln zu bekommen – das sind die frischesten Exemplare. Ältere Ingwerknollen sind innen nicht mehr saftig, sondern faserig. Im Kühlschrank in Alufolie verpackt können Sie Ingwer am besten aufbewahren.

Rosenkohl-Kartoffel-Gulasch

Zubereitungszeit
40 Min.
Kosten
preiswert
Kalorien/Portion
ca. 440 kcal

Zutaten
für 4 Personen

- 600 g Kartoffeln
- 2 EL Butterschmalz
- 1 Knoblauchzehe
- 250 ml Gemüsebrühe
- 750 g Rosenkohl
- 1 Dose Pizzatomaten (400 g)
- 100 g schwarze Oliven, ohne Stein
- 1/2–1 Bund Thymian
- 200 g Schafskäse (Feta)
- etwas Salz
- etwas schwarzer Pfeffer aus der Mühle
- 2–3 EL Balsamessig

Kartoffeln vorbereiten

1 Die Kartoffeln schälen und in grobe Würfel schneiden. Das Butterschmalz in einem großen Topf erhitzen und die Kartoffelwürfel darin anbraten.

Eintopf zubereiten

2 Den Knoblauch schälen und zu den Kartoffeln pressen. Die Gemüsebrühe zugeben und alles zugedeckt etwa 15 Minuten lang bei schwacher Hitze köcheln lassen.

3 Den Rosenkohl putzen, waschen und abtropfen lassen. Den Rosenkohl und die Tomaten zu den Kartoffeln geben und alles zusammen weitere 10–15 Minuten bei mittlerer Hitze garen.

4 Inzwischen die Oliven vierteln, den Thymian waschen, trockentupfen und die Blättchen abzupfen.

5 Den Schafskäse trockentupfen und auf der groben Seite der Rohkostreibe vorsichtig raffeln.

6 Den Thymian und die Oliven zum Rosenkohl-Kartoffelgulasch geben. Alles mit Salz, Pfeffer und Balsamessig abschmecken. Mit dem geraffelten Schafskäse servieren.

FamilienTipps

■ **Für Kinder** Lassen Sie sich bei den Vorbereitungen helfen. Kleine Köche können die Kartoffeln mit einem Sparschäler schälen und klein schneiden. Auch der Rosenkohl wartet auf die kleinen Küchenhelfer.

■ **Profitipp** Wenn Sie das Gulasch ohne die Kartoffeln zubereiten, eignet es sich gut zum Einfrieren. Kochen Sie bei Bedarf Salzkartoffeln und erwärmen Sie den Rosenkohl in einer Schüssel darüber.

■ **Für Gäste** Überraschen Sie Ihre Gäste mit diesem leichten Wintereintopf, der nach Sonne und Süden schmeckt. Wenn Sie ihn mit Fleisch kombinieren möchten, braten Sie pro Person 2 Lammkoteletts dazu.

Aus der Pfanne

Zubereitungszeit
1 Std.
Kosten
preiswert
Kalorien/Portion
ca. 480 kcal

Zutaten
für 4 Personen

- 400 g Kartoffeln
- 1 Gemüsezwiebel
- 1 große rote Paprikaschote
- 6 EL Olivenöl
- etwas Salz
- etwas schwarzer Pfeffer aus der Mühle
- 150 g Chorizo-Wurst (siehe Tipp S. 31)
- 6 frische Eier

Spanische Tortilla

Teig zubereiten

1 Die Kartoffeln schälen und in grobe Stücke schneiden. Die Zwiebel schälen und sehr grob hacken. Die Paprikaschote waschen, putzen und in kurze Streifen schneiden.

2 Das Öl in einer großen schweren Pfanne bei mittlerer Temperatur erhitzen. Die Kartoffeln und die Zwiebeln hineingeben und alles gut salzen und pfeffern. Die Paprikaschote hinzufügen und alles unter gelegentlichem Wenden zugedeckt etwa 20 Minuten garen. Kartoffeln, Zwiebeln und Paprika sollen weich werden, jedoch nicht bräunen. Das Öl in ein Schüsselchen abgießen und beiseite stellen. Das Gemüse etwas abkühlen lassen.

3 Die Chorizo-Wurst mit einem scharfen Messer in kleine Stücke schneiden. Die Eier verquirlen und in einer Schüssel mit dem Kartoffelgemüse und der Wurst vermischen.

Tortilla backen

4 Die Pfanne mit Küchenkrepp auswischen und von dem beiseite gestellten Öl soviel hineingeben, dass der Boden gerade bedeckt ist. Das Öl erhitzen, den Tortillateig einfüllen und glatt verstreichen. Die Tortilla bei mäßiger Hitze backen (siehe unten), dabei gelegentlich rütteln.

5 Die Tortilla aus der Pfanne auf einen Deckel geben (siehe unten). Wieder etwas Öl in die Pfanne geben und die Tortilla vom Deckel hineingleiten lassen. Weiterbacken, bis auch die zweite Seite goldbraun ist. Heiß oder lauwarm servieren.

Tortilla backen

Den Tortillateig in der Pfanne verstreichen und die Tortilla backen, bis sie gestockt ist und die Unterseite zu bräunen beginnt.

Einen flachen großen Deckel auf die Pfanne legen und die Pfanne dann rasch umdrehen, sodass die Tortilla in den Deckel fällt.

Die Tortilla vom Deckel in die frisch gefettete Pfanne gleiten lassen und auch die zweite Seite goldbraun backen.

FamilienTipps

■ **Für Kinder** Wurst ist bei den meisten Kindern beliebt – aber eventuell ist die Chorizo-Wurst doch etwas zu scharf. Für eine weniger würzige Version einfache Salami, Putensalami oder auch Schinken als Ersatz verwenden.

■ **Variation** Dieses Gericht können Sie gut variieren. Statt der Wurst nehmen Sie z. B. 100 g gepalte Erbsen und eine in dünne Scheiben geschnittene Möhre und würzen mit etwas Chilipulver. Oder probieren Sie die Tortilla mit Maiskörnern oder kleinen Nordseekrabben!

■ **Für Gäste** Aus diesem Gericht wird eine sommerliche Mahlzeit für Ihre Gäste, wenn Sie einen Tomatensalat mit Frühlingszwiebelringen und frisches Brot dazureichen. Als Getränk passt ein gut gekühltes Bier oder eine Apfelsaftschorle.

Überbackene Bratkartoffeln

Zubereitungszeit
30 Min.
Kosten
preiswert
Kalorien/Portion
ca. 520 kcal

Zutaten
für 4 Personen

- 800 g Pellkartoffeln vom Vortag
- 3 EL Butterschmalz
- 300 g Fleischwurst
- 300 g Cocktailtomaten
- 100 g Räucher-Edamer
- etwas Salz
- etwas schwarzer Pfeffer aus der Mühle
- etwas Paprikapulver, edelsüß
- 2 TL getrocknete Kräuter der Provence

Kartoffeln braten

1 Die Kartoffeln pellen und in Scheiben schneiden. Das Butterschmalz in einer großen Pfanne erhitzen und die Kartoffelscheiben unter gelegentlichem Wenden darin etwa 10 Minuten braten.

Fleischwurst klein schneiden

2 Die Fleischwurst aus der Haut lösen, der Länge nach halbieren und in etwa ½ cm dicke Scheiben schneiden.

Cocktailtomaten vorbereiten

3 Die Cocktailtomaten waschen, halbieren oder vierteln. Den Käse reiben oder klein würfeln.

Kartoffeln überbacken

4 Die Bratkartoffeln mit Salz, Pfeffer und Paprika würzen. Die Fleischwurst unterheben und kurz mitbraten.

5 Die Cocktailtomaten auf die Kartoffeln setzen und alles mit den Kräutern der Provence bestreuen. Den Käse darüber verteilen, die Pfanne schließen und den Käse bei schwacher Hitze etwa 5 Minuten schmelzen lassen.

FamilienTipps

■ Für Kinder **Auflauf für jeden: Den Pfanneninhalt in 4 gefettete ofenfeste Förmchen geben, mit Käse bestreuen. Im vorgeheizten Backofen bei 200 °C (Umluft 170 °C; Gas Stufe 3) etwa 15 Minuten backen.**

■ Gesundheitstipp **Tomaten enthalten Lycopin, einen Stoff, der vorbeugend gegen Krebs wirken soll. Aus Tomatensaft wird Lycopin besonders gut vom Körper aufgenommen.**

■ Für Gäste **Bereiten Sie das Gericht auf italienische Art zu: Ersetzen Sie die Fleischwurst durch 150 g Parmaschinken (in Streifen). Statt des Räucherkäses schneiden Sie eine Kugel Mozzarella in Scheiben.**

Frittata mit Paprika-Salsa

Zubereitungszeit
45 Min.
Kosten
preiswert
Kalorien/Portion
ca. 500 kcal

Zutaten
für 4 Personen

- 1 grüne Paprikaschote
- 2 Schalotten
- 3 Knoblauchzehen
- 1 Fleischtomate
- 50 g Kapern
- 4 EL Tomatenmark
- 3 EL Olivenöl
- 2–3 EL Limettensaft
- etwas Salz
- etwas schwarzer Pfeffer aus der Mühle
- 1/2–1 Bund Petersilie
- 1–2 TL getrockneter Oregano
- 600 g Pellkartoffeln vom Vortag
- 2 EL Butterschmalz
- 6 frische Eier
- 3 EL Milch
- etwas weißer Pfeffer
- 1/2 Bund Schnittlauch
- 75 g geriebener Pecorino

Paprika-Salsa zubereiten

1 Die Paprikaschote waschen, putzen und würfeln. Die Schalotten und den Knoblauch schälen. Die Schalotten würfeln und den Knoblauch grob hacken. Die Tomate waschen, quer halbieren und die Kerne herauslöffeln. Das Fruchtfleisch würfeln.

2 Paprika, Schalotten, Knoblauch, Tomate und abgetropfte Kapern mit dem Mixstab fein pürieren. Tomatenmark, Olivenöl und Limettensaft unterrühren. Mit Salz und schwarzem Pfeffer abschmecken.

3 Die Petersilie waschen und hacken. Zusammen mit dem Oregano unter die Salsa heben. Zugedeckt beiseite stellen.

Kartoffeln braten

4 Die Kartoffeln pellen und würfeln. Anschließend das Butterschmalz in einer Pfanne erhitzen und dann die Kartoffeln darin von allen Seiten etwa 10 Minuten braten.

5 Eier und Milch in einer Schale verrühren, mit Salz und weißem Pfeffer würzen. Den Schnittlauch waschen, trockentupfen, in Röllchen schneiden und unter die Eiermilch rühren.

Frittata braten

6 Zwei Drittel der Paprika-Salsa unter die Kartoffeln mischen. Den Pecorino darüber geben und alles mit der Eiermilch begießen. Die Pfanne verschließen und die Frittata bei schwacher Hitze stocken lassen. Die Frittata in Stücke schneiden und mit der restlichen Paprika-Salsa servieren.

FamilienTipps

Für Kinder Ein Kind, das Ketchup nicht mag? Kaum vorstellbar. Rühren Sie also statt der Paprika-Salsa aus 150 g Ketchup, 1 EL Senf und 2–3 klein gewürfelten Gewürzgurken eine Kinder-Spezial-Sauce.

Profitipp Sie können die Frittata auch im Backofen backen. Den Backofen auf 200 °C (Umluft 170 °C; Gas Stufe 3) vorheizen. Die gebratenen Kartoffeln und die Salsa in eine gefettete Form geben, mit der Eiermilch begießen und die Frittata etwa 15 Minuten im Ofen backen, bis sich die Mitte der Frittata gesetzt hat und der Rand knusprig ist.

Kartoffel-Gröstl mit Erbsen

Zubereitungszeit
30 Min.
Kosten
preiswert
Kalorien/Portion
ca. 490 kcal

Zutaten
für 4 Personen

- 200 g TK-Erbsen
- etwas Salz
- 250 g Champignons
- 800 g gekochte Pellkartoffeln vom Vortag
- 1 rote Zwiebel
- 150 g Frühstücksspeck (Bacon)
- 2 EL Butter
- 1/2 Bund Majoran
- etwas schwarzer Pfeffer aus der Mühle

Zutaten vorbereiten

1 Die Erbsen in kochendem Salzwasser etwa 3 Minuten kochen, abgießen und abtropfen lassen.

2 Die Champignons mit einer Pilzbürste oder mit Küchenkrepp säubern – nicht waschen, sonst saugen sich die Pilze voll Wasser. Die Kartoffeln pellen.

3 Die Zwiebel schälen und in Ringe schneiden. Pilze und Kartoffeln in Scheiben schneiden.

4 Den Majoran waschen, trockentupfen und die Blättchen von den Stielen zupfen.

5 Den Speck quer in etwa 1 cm breite Streifen schneiden. In einer großen Pfanne bei mittlerer Hitze knusprig ausbraten und auf Küchenkrepp abtropfen lassen.

Kartoffel-Gröstl braten

6 Die Zwiebelringe im heißen Fett anbraten, die Champignons dazugeben und hellbraun braten. Herausnehmen und warm stellen. Die Butter in die Pfanne geben und die Kartoffeln darin unter gelegentlichem Wenden etwa 5–10 Minuten knusprig braten.

7 Erbsen, Speck, Zwiebeln und Champignons vorsichtig unter die Kartoffeln heben. Mit Salz und Pfeffer abschmecken. Majoran untermischen und servieren.

FamilienTipps

■ Für Kinder **Die kleinen Meisterköche können die Pilze und die Kartoffeln mit dem Eierschneider in dünne Scheiben schneiden. Das ist ungefährlich und macht Spaß!**

■ Variation **So wird aus dem Kartoffel-Gröstl ein Salat: 1/4 l Gemüsebrühe aufkochen und mit 4 EL Weißweinessig, Salz und Pfeffer würzen. 2 EL Olivenöl unterschlagen und das Ganze heiß über die Kartoffeln geben. Speck, Champignons und Zwiebeln wie oben beschrieben braten. Mit den gekochten Erbsen und dem Majoran zu den Kartoffeln geben. Alles etwa 30 Minuten durchziehen lassen.**

Zubereitungszeit
50 Min.
Kosten
preiswert
Kalorien/Portion
ca. 400 kcal

Zutaten
für 4 Personen

- 1 Zwiebel
- 20 g Speck
- 2 kleine Äpfel
- 1 EL Öl
- 750 g Sauerkraut
- 3–4 Wacholderbeeren
- 1/4 l milde Gemüsebrühe
- 500 g gekochte Pellkartoffeln vom Vortag
- 125 g Mehl
- 1 frisches Ei
- 1 TL Salz
- 1 Msp. geriebene Muskatnuss
- Pflanzenöl zum Anbraten

Schwäbische Bubenspitzle mit Sauerkraut

Sauerkraut zubereiten

1 Die Zwiebel schälen und fein hacken. Den Speck fein würfeln. Die Äpfel schälen, vierteln, die Gehäuse entfernen und das Fruchtfleisch ebenfalls würfeln.

2 Öl und Speck im Dampfkochtopf erhitzen, bis der Speck etwas ausgelassen ist. Die Zwiebel und die Äpfel zugeben und glasig braten. Das Sauerkraut auflockern und mit einigen Wacholderbeeren dazugeben. Die Gemüsebrühe zugießen, den Topf schließen und das Kraut 10 Minuten dampfgaren.

Bubenspitzle zubereiten

3 Die Kartoffeln pellen, fein reiben und mit Mehl und Ei, 1 TL Salz und 1 Prise Muskat zu einem geschmeidigen Teig kneten. Aus der Masse Würstchen rollen und in Salzwasser garen (siehe unten).

4 In einer großen Pfanne 1 EL Öl erhitzen und die Bubenspitzle darin unter Wenden goldbraun braten, das Sauerkraut zugeben, alles gut vermischen und kurz durchbraten. Je nach Größe der Pfanne das Gericht eventuell portionsweise anbraten.

Bubenspitzle zubereiten und braten

Aus dem Teig zwischen den Händen kleine, sich zu den Enden hin verjüngende Würstchen rollen.

Die Spitzle portionsweise in reichlich kochendem Salzwasser etwa 2 Minuten garen. Mit einem Schaumlöffel herausheben und abtropfen lassen.

Wenn alle Spitzle gekocht sind, goldbraun anbraten, bevor das Sauerkraut zugegeben und kurz mitgebraten wird.

FamilienTipps

■ **Für Kinder** Bei der Zubereitung der Bubenspitzle können Kinder mithelfen: Sie können Kartoffeln, Mehl, Ei und Gewürze zum Teig kneten und den Teig zu kleinen Röllchen formen – denn gemeinsam Kochen macht Spaß!

■ **Variation** Wenn Sie gern herzhaft essen, mischen Sie eine sehr fein gehackte, in etwas Schmalz glasig gebratene Zwiebel unter die Kartoffelmasse und runden alles geschmacklich mit 1–2 EL gehackter Petersilie ab.

■ **Profitipp** Mit der Sauerkrautmenge müssen Sie es nicht so genau nehmen. Bereiten Sie ruhig mehr als nötig zu und frieren Sie einen Teil ein. Aufgewärmtes Sauerkraut schmeckt hervorragend, da es noch zarter und sämiger ist!

Zubereitungszeit
45 Min.
Kosten
preiswert
Kalorien/Portion
ca. 680 kcal

Zutaten
für 4 Personen

- 800 g fest kochende Kartoffeln
- 3 Möhren
- 1–2 Zwiebeln
- 2 frische Eier
- 2–3 EL Mehl
- etwas Salz
- 40 g Sonnenblumenkerne
- 80 g Butterschmalz
- 1 reife Avocado
- 3–4 EL Zitronensaft
- 4 EL Sahne
- 200 g körniger Frischkäse
- 2 Bund Basilikum
- etwas weißer Pfeffer aus der Mühle

Möhren-Kartoffel-Puffer mit Avocadodip

Pufferteig zubereiten

1 Kartoffeln, Möhren und Zwiebel schälen. Die Kartoffeln auf der groben Seite der Rohkostreibe (oder in der Küchenmaschine) raffeln.

2 Die Kartoffelraffel sofort in kaltem Wasser schwenken, abgießen und in einem Tuch gut ausdrücken. Möhren und Zwiebel raffeln und mit den Kartoffelraffeln mischen.

3 Eier, Mehl und 1/2–1 TL Salz unter die Raffel mischen. Die Sonnenblumenkerne grob hacken und in einer beschichteten Pfanne ohne Fett hellbraun rösten. Zu den Kartoffeln geben.

Puffer braten

4 Das Butterschmalz portionsweise in der Pfanne erhitzen und nacheinander etwa 16 Kartoffel-Möhren-Puffer backen. Die fertigen Puffer im 75 °C (Umluft ca. 50 °C; Gas Stufe 1) heißen Backofen auf einem mit Küchenkrepp ausgelegten Backblech warm halten.

Avocadodip zubereiten

5 Die Avocado längs halbieren, den Kern entfernen und das Fruchtfleisch mit einem großen Löffel herausheben. Das Avocadofleisch und den Zitronensaft mit dem Mixstab pürieren. Die Sahne und den Frischkäse unterheben.

6 Das Basilikum waschen, trockentupfen, die Blättchen abzupfen und hacken. Unter den Avocadodip heben, salzen und pfeffern. Den Avocadodip zu den Möhren-Kartoffel-Puffern reichen.

FamilienTipps

■ Einkaufstipp **Reife Avocados erkennen Sie daran, dass sie auf leichten Druck nachgeben. Ist die Avocado noch unreif, wickeln Sie sie in Zeitungspapier und lassen sie 2–3 Tage bei Zimmertemperatur nachreifen.**

■ Profitipp **Übriggebliebene Puffer eignen sich gut zum Einfrieren. Legen Sie je ein Stück Butterbrotpapier zwischen die Puffer – so können Sie sie portionsweise entnehmen und im Backofen aufbacken.**

■ Familie&Co Tipp **Die Puffer schmecken auch kalt sehr gut. Für eine Kinderparty können Sie kleine Puffer backen und jeweils 2 abgekühlte Puffer mit etwas Avocadodip zu kleinen Burgern zusammensetzen.**

Mais-Kartoffel-Küchlein

Zubereitungszeit
1 ¼ Std.
Kosten
preiswert
Kalorien/Portion
ca. 400 kcal

Zutaten
für 4 Personen

- ½ Kopf grüner Salat
- 4 aromatische Tomaten
- 100 g mittelalter Gouda
- 800 g mehlig kochende Kartoffeln
- 250 g Maiskörner aus der Dose
- 2 frische Eier
- 1 Bund Petersilie
- 4 EL Speisestärke
- 2 EL Sahne
- etwas Salz
- etwas schwarzer Pfeffer aus der Mühle
- Öl für das Blech

Garnierung vorbereiten

1 Den Salat zerpflücken, waschen und trockentupfen. Große Salatblätter halbieren. Die Tomaten waschen und achteln, dabei den Stielansatz entfernen. Den Käse in dünne Stifte schneiden.

Teig zubereiten

2 Die Kartoffeln waschen und in wenig Wasser in 20–30 Minuten gar kochen. Die Kartoffeln abgießen, etwas abkühlen lassen und pellen. Den Mais abgießen und auf Küchenkrepp abtropfen lassen. Die Eier trennen. Die Petersilie waschen, trockentupfen und hacken. Den Backofen auf 200 °C (Umluft 170 °C; Gas Stufe 3) vorheizen.

3 Die Kartoffeln stampfen. Stärke, Sahne, Eigelbe, Maiskörner und etwas Salz und Pfeffer untermengen. Das Eiweiß mit 1 Prise Salz steif schlagen und zusammen mit dem größten Teil der Petersilie vorsichtig unter die Kartoffelmasse heben.

Küchlein braten

4 Das Backblech fetten und mit einem Esslöffel Häufchen der Kartoffelmasse nebeneinander setzen. Etwas glatt streichen. Die Küchlein etwa 20 Minuten backen, bis sie oben goldbraun sind.

5 Auf 4 Serviertellern die Salatblätter mit den Tomatenachteln anrichten. Alles mit dem Käse und der restlichen Petersilie bestreuen und die Küchlein dazulegen.

FamilienTipps

■ **Für Kinder** Diese Küchlein können auch mit Käse überbacken werden, dann sind sie noch gehaltvoller. Sie eignen sich ebenso als Pausensnack oder kleine Mahlzeit während eines Schulausflugs.

■ **Profitipps** Reichen Sie Ihrer Familie die Küchlein doch einmal zum Abendbrot, denn sie schmecken auch kalt vorzüglich! Apfel-Möhren-Rohkost passt gut dazu.
■ Sie können den Kartoffelteig mit zahlreichen Zutaten anreichern: etwa mit frischen Erbsen, mit grob geraspelten Karotten oder auch mit Speckwürfeln. Achten Sie aber darauf, dass im Mischverhältnis der größere Anteil Kartoffelmasse ist – sonst zerfallen die Küchlein.

Fisch-Kartoffel-Pfanne

Zubereitungszeit
30 Min.
Kosten
etwas teurer
Kalorien/Portion
ca. 660 kcal

Zutaten
für 4 Personen

- 600 g Seelachsfilet
- 2 EL Zitronensaft
- etwas Salz
- etwas weißer Pfeffer aus der Mühle
- 600 g Pellkartoffeln vom Vortag
- 40 g Butterschmalz
- 4 EL Mehl
- 2 EL Öl
- 250 g Sahne
- 2 EL mittelscharfer Senf
- 300 g TK-Erbsen
- 1 Schälchen Kresse

Seelachsfilet vorbereiten

1 Die Fischfilets entgräten, schneiden und würzen (siehe unten). Beiseite stellen.

Kartoffeln braten

2 Die Kartoffeln pellen und in Würfel schneiden.

3 Das Butterschmalz in einer Pfanne erhitzen und die Kartoffelwürfel bei mittlerer Hitze knusprig braten. Herausnehmen und warm stellen.

Seelachs braten

4 Das Mehl in einen tiefen Teller geben und die vorbereiteten Fischstücke darin portionsweise wenden (siehe unten).

5 Das Öl in die Pfanne geben und erhitzen. Die Fischstücke darin unter vorsichtigem Wenden auf beiden Seiten goldbraun braten.

Senfsauce zubereiten

6 In einem Topf die Sahne, den Senf und die TK-Erbsen zum Kochen bringen. Die Senfsahne zum Fisch geben und unterrühren. Die Kartoffeln vorsichtig unterheben.

7 Die Kresse abschneiden. In einem Sieb abbrausen, trockentupfen und über den Fisch streuen.

Fischfilet vorbereiten

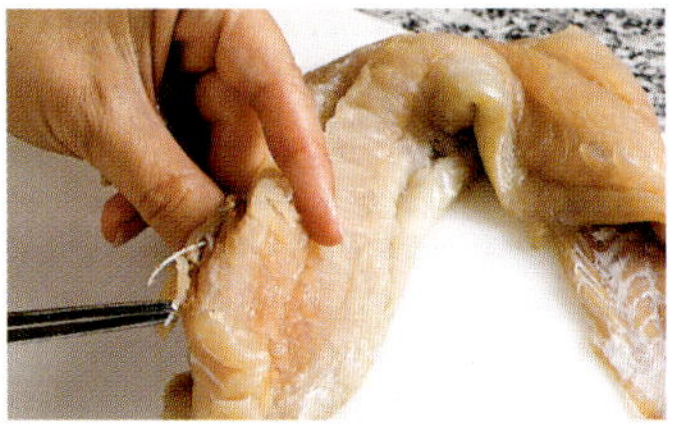
Das Fischfilet entgräten: Dazu mit einer Pinzette die Gräten herausziehen.

Den Fisch in Stücke schneiden und mit Zitronensaft, Salz und weißem Pfeffer würzen.

Vor dem Braten den Fisch portionsweise in einem tiefen Teller mit Mehl wenden.

FamilienTipps

■ **Für Kinder** Wenn Kinder keine Erbsen mögen, ersetzen Sie diese durch anderes Gemüse. Gut passen hier blanchierte grüne Bohnen, Blumenkohl- oder Brokkoliröschen.

■ **Profitipp** Zum Aufwärmen geben Sie die Reste in eine Auflaufform. Bedecken Sie alles mit ein paar dünnen Käsescheiben und überbacken Sie das Gericht im vorgeheizten Backofen etwa 20 Minuten.

■ **Für Gäste** Die Fischpfanne eignet sich auch als schnelles Gästeessen. Mit einem grünen Salat als Vorspeise und einer Roten Grütze als Nachtisch servieren Sie dieses Essen typisch norddeutsch mit einem kühlen Bier.

Kartoffel-Fisch-Stäbchen

Zubereitungszeit
1 1/4 Std. (plus eventuell 30 Min. Kühlzeit)
Kosten
etwas teurer
Kalorien/Portion
ca. 360 kcal

Zutaten
für 4 Personen

- 500 g mehlig kochende Kartoffeln
- 1 Bund Petersilie
- 2 frische Eier
- 1 EL Kartoffelstärke
- 450 g Kabeljau- und/oder Schellfischfilet
- 2–3 EL Butter
- etwas Salz
- etwas schwarzer Pfeffer aus der Mühle
- Semmelbrösel
- neutrales Pflanzenöl zum Braten

Kartoffeln und Fisch garen

1 Die Kartoffeln in wenig Wasser in 20–30 Minuten garen, abgießen und etwas abkühlen lassen.

2 Während die Kartoffeln garen, auch den Fisch in wenig Wasser oder über Wasserdampf etwa 10 Minuten garen. Herausheben und zerpflücken.

Kartoffelteig zubereiten

3 Die Kartoffeln schälen und stampfen. Die Petersilie waschen, trockentupfen und fein hacken. 1 Ei trennen.

4 Kartoffelstärke, Fisch, Butter, Petersilie, Eigelb, reichlich Salz und Pfeffer gut unter die Kartoffelmasse mengen. Falls der Teig zu weich ist, ihn zugedeckt für etwa 30 Minuten in den Kühlschrank stellen.

Fischstäbchen braten

5 Das Eiweiß mit dem restlichen Ei auf einem flachen Teller verquirlen. Auf einen zweiten reichlich Semmelbrösel geben. Aus dem Kartoffel-Fisch-Teig mit feuchten Händen 16 Rollen formen und etwas flach drücken. Jede erst im Ei, dann in den Semmelbröseln wenden.

6 In einer großen schweren Pfanne 2 EL Öl erhitzen und die Fischstäbchen darin portionsweise auf jeder Seite etwa 3 Minuten braten. Sie sollten schön goldbraun sein. Die fertig gebackenen Fischstäbchen kurz auf Küchenkrepp legen, damit das Fett aufgesaugt wird. Anschließend bis zum Servieren warm halten.

FamilienTipps

■ **Für Kinder** Diese Stäbchen eignen sich prima für die Zubereitung eines Fisch-Hamburgers: Ein Vollkorn- oder Grahambrötchen mit einem Salatblatt, Käse, Gurkenscheiben und den Fischstäbchen belegen.

■ **Profitipp** Dieses Gericht können Sie gut vorbereiten: z. B. die Kartoffeln bereits am Vortag garen oder den gesamten Fischteig am Vortag bzw. Stunden vorher zubereiten und zugedeckt im Kühlschrank aufbewahren.

■ **Für Gäste** Hierzu passt am besten gedünstetes, in Butter geschwenktes Gemüse (z. B. Möhren, Brokkoli) oder ein gemischter Salat. Ein Quarkdessert mit frischen Früchten rundet das Menü ab.

Aus dem Ofen

Zubereitungszeit
45 Min.
Kosten
preiswert
Kalorien/Portion
ca. 430 kcal

Kernige Kräuterkartoffeln vom Blech mit Gurkenquark

Zutaten
für 4 Personen

- 750 g kleine Biokartoffeln
- 4 EL Olivenöl
- 1 Bund Oregano
- 2 EL ungeschälter Sesam
- 2 EL Schwarzkümmel
- etwas Salz
- etwas schwarzer Pfeffer aus der Mühle
- 2 Frühlingszwiebeln
- 1 Knoblauchzehe
- ½ Salatgurke
- 250 g Quark (20 % Fett)
- 150 g saure Sahne

Kartoffeln backen

1 Den Backofen auf 200 °C (Umluft 170 °C; Gas Stufe 3) vorheizen. Die Kartoffeln in kaltem Wasser gründlich waschen und abbürsten, dann längs halbieren.

2 Ein Backblech mit 2 EL Öl bestreichen, die Kartoffeln mit der Schnittfläche nach unten auf das Backblech setzen. Auf der untersten Schiene etwa 30 Minuten backen.

Kräutermischung zubereiten

3 Den Oregano waschen und trockentupfen. Die Blättchen abzupfen und grob hacken. In einer Schale mit Sesam, Schwarzkümmel, Salz und Pfeffer mischen. Beiseite stellen.

Gurkenquark zubereiten

4 Die Frühlingszwiebeln waschen, putzen und in feine Ringe schneiden. Den Knoblauch schälen. Die Gurke waschen und eventuell schälen. Auf der groben Seite der Rohkostreibe raspeln.

5 Quark und saure Sahne in einer Schüssel miteinander verrühren. Knoblauch dazupressen, Gurke und Frühlingszwiebelringe unterheben. Alles mit Salz und Pfeffer abschmecken.

Blechkartoffeln würzen

6 Die Kartoffeln wenden und mit 2 EL Öl beträufeln. Die Oregano-Gewürz-Mischung darüber streuen und alles weitere 5–10 Minuten backen. Mit dem Gurkenquark anrichten und servieren.

FamilienTipps

■ Für Kinder **Für ein Kinderfest verdoppeln Sie einfach die Zutaten und backen die Kartoffeln nacheinander auf 2 Blechen. Die kernigen Erdäpfel schmecken den kleinen Gästen auch kalt.**

■ Gesundheitstipp **Kartoffeln sind reich an Vitamin C: 100 g enthalten 17 mg! Außerdem sind sie gute Kaliumlieferanten. Die im Frühsommer und Herbst erhältlichen neuen Kartoffeln sind am gesündesten.**

■ Für Gäste **Bei einer Grillparty reichen Sie zu diesen Kartoffeln einen Dip aus 200 g Schafskäse, 150 g Sahne, 2 EL Weißweinessig und 3 EL Olivenöl. Mit Salz, Pfeffer und frisch gehackter Minze abschmecken.**

Zubereitungszeit
1 Std.
Kosten
preiswert
Kalorien/Portion
ca. 500 kcal

Zutaten
für 4 Personen

- 1 kg Spinat
- 800 g große fest kochende Kartoffeln
- etwas Salz
- 2 Frühlingszwiebeln
- 1 Knoblauchzehe
- 40 g Pinienkerne
- 1 EL Butter
- 200 g Schafskäse (Feta)
- etwas schwarzer Pfeffer aus der Mühle
- 200 g Mozzarella

Gefüllte Kartoffeln mit Spinat

Spinat vorbereiten

1 Den Spinat verlesen und mehrmals in kaltem Wasser waschen. Grobe Stiele entfernen und den tropfnassen Spinat in einen großen Topf geben. Spinat bei starker Hitze zugedeckt in 3 Minuten zusammenfallen lassen. In ein Sieb geben und abtropfen lassen.

Kartoffeln vorbereiten

2 Die Kartoffeln gründlich waschen und in Salzwasser etwa 20 Minuten kochen lassen.

Füllung vorbereiten

3 Inzwischen die Frühlingszwiebeln waschen, putzen und in Ringe schneiden. Den Knoblauch schälen und fein hacken. Die Pinienkerne in einer Pfanne ohne Fett leicht bräunen, herausnehmen und beiseite stellen.

4 Die Butter in der Pfanne erhitzen. Frühlingszwiebeln und Knoblauch darin etwa 3 Minuten anbraten. Kartoffeln pellen, längs halbieren und mit einem Teelöffel aushöhlen. Dabei einen schmalen Rand stehen lassen. Das Kartoffelinnere ebenfalls in die Pfanne geben.

Füllung fertig stellen

5 Den Backofen auf 200 °C (Umluft 170 °C; Gas Stufe 3) vorheizen. Die Käsesorten trockentupfen. Den Schafskäse in kleine Würfel schneiden, den Mozzarella in Scheiben schneiden.

6 Den Spinat in einem Tuch ausdrücken und danach grob hacken. Pinienkerne, Schafskäse und Spinat zu den Zwiebeln in die Pfanne geben. Alles kräftig salzen und pfeffern.

Kartoffeln backen

7 Die Füllung auf die ausgehöhlten Kartoffeln verteilen und diese in eine gefettete ofenfeste Form setzen. Den Mozzarella darüber geben. Im heißen Backofen etwa 20 Minuten backen.

FamilienTipps

■ Für Kinder **Fleißige Meisterköche würfeln bei diesem Gericht den Schafskäse. Den Mozzarella können die Kleinen mit dem Eierschneider in Scheiben zerteilen.**

■ Spartipp **Pinienkerne haben einen feinen Nussgeschmack. Leider sind die nahrhaften Kerne nicht ganz billig. Sie können Pinienkerne durch Mandelstifte oder Sonnenblumenkerne ersetzen.**

■ Gesundheitstipp **Spinat ist reich an Folsäure. Reichen Sie zu diesem Gericht eine Apfel-Möhren-Rohkost. Das ergibt ein rundum gesundes Essen mit vielen Vitaminen und Mineralstoffen.**

Zubereitungszeit
1 Std.
Kosten
preiswert
Kalorien/Portion
ca. 620 kcal

Zutaten
für 4 Personen

- 750 g mittelgroße Kartoffeln
- etwas Salz
- 4 kleine Fenchelknollen
- ca. 1 EL Butter für die Form
- 1 kleines Bund Frühlingszwiebeln
- 2 frische Eier
- 100 g Sahne
- gekörnte Brühe
- etwas schwarzer Pfeffer aus der Mühle
- 200 g Doppelrahm-Frischkäse
- 100 g Greyerzer
- 3 Scheiben Vollkorntoast
- Butterflöckchen zum Belegen

Kartoffel-Fenchel-Auflauf

Gemüse vorbereiten

1 Die Kartoffeln waschen und in wenig Salzwasser etwa 15 Minuten garen – sie sollten noch relativ fest sein. Abgießen, abtropfen und etwas abkühlen lassen. Die Kartoffeln dann pellen und in dünne Scheiben schneiden.

2 Den Fenchel waschen und putzen. Das zarte Grün beiseite legen. Die Knollen quer in dicke Scheiben schneiden und in einem großen Topf in kochendem Salzwasser knapp 10 Minuten garen. Herausheben und abtropfen lassen.

3 Den Backofen auf 200 °C (Umluft 170 °C; Gas Stufe 3) vorheizen. Eine Auflaufform fetten. Die Frühlingszwiebeln waschen, putzen und in feine Ringe schneiden.

Guss zubereiten

4 Das Fenchelgrün fein hacken. In einer Schüssel die Eier mit der Sahne verschlagen, mit etwas gekörnter Brühe, Salz und Pfeffer würzen und den Frischkäse einrühren.

Auflauf schichten und backen

5 Den Greyerzer fein reiben und die Toastscheiben in kleine Würfel schneiden.

6 Ein Drittel der Kartoffeln in die Auflaufform legen. Die Kartoffeln mit der Hälfte des Fenchels bedecken, die Hälfte vom Guss darüber geben und ein Drittel der Frühlingszwiebeln und des Greyerzers darauf streuen.

7 Diese Schichtung wiederholen und den Auflauf abschließend mit den restlichen Kartoffeln bedecken. Obenauf den Rest Käse, Frühlingszwiebeln und zuletzt die Brotwürfel streuen. Das Ganze mit Butterflöckchen belegen.

8 Den Auflauf im Ofen etwa 30 Minuten backen, bis die Oberfläche goldbraun ist.

FamilienTipps

■ Für Kinder **Kinder essen sahnige, saftige Aufläufe besonders gern. Bei diesem Gericht eventuell den würzigen Greyerzer durch einen milderen Käse wie jungen Gouda oder Bel Paese ersetzen.**

■ Gesundheitstipp **Fenchel ist genau das Richtige für Kinder: Er enthält fast doppelt so viel Vitamin C wie Orangen, reichlich Kalzium und Kalium und hat fast den höchsten Eisengehalt aller Gemüse.**

■ Partnertipp **Für Familienmitglieder, die spät heimkommen, reichen Sie zu diesem Auflauf am besten Hackfleischbällchen. Beides kann schnell im Ofen oder in der Mikrowelle aufgewärmt werden.**

Kartoffelauflauf mit Spitzkohl und Kasseler

Zubereitungszeit
1 ¼ Std.
Kosten
etwas teurer
Kalorien/Portion
ca. 810 kcal

Zutaten
für 4 Personen

- 1 Spitzkohl (etwa 800 g)
- 250 ml Gemüsebrühe
- 200 g Sahne
- 1 TL Kümmel
- etwas Salz
- etwas weißer Pfeffer aus der Mühle
- 1 Msp. Muskatnuss
- 1 kg Kartoffeln
- 600 g Kasseler (Nacken ohne Knochen)
- 100 g Bergkäse
- 1 Bund Petersilie

Spitzkohl vorbereiten

1 Die äußeren Spitzkohlblätter entfernen und wegwerfen. Den Spitzkohl waschen und vierteln. Den Strunk vorsichtig herausschneiden und die Spitzkohlviertel quer in etwa fingerdicke Streifen schneiden.

2 In einem großen Topf die Gemüsebrühe zum Kochen bringen und den Spitzkohl darin etwa 5 Minuten zugedeckt garen. Abgießen, den Sud dabei auffangen und den Kohl abtropfen lassen.

Sauce zubereiten

3 Den Spitzkohlsud wenn nötig mit Wasser auf 250 ml auffüllen, die Sahne zugeben und alles aufkochen lassen. Kräftig mit Kümmel, Salz, Pfeffer und Muskatnuss abschmecken.

Kartoffeln vorbereiten

4 Den Backofen auf 180 °C (Umluft 150 °C; Gas Stufe 2) vorheizen. Die Kartoffeln schälen und auf der groben Seite der Rohkostreibe oder in der Küchenmaschine raspeln.

Kasseler vorbereiten

5 Den Kasseler Nacken mit einem scharfen Messer in dünne Scheiben schneiden.

Auflauf einschichten und backen

6 Eine ofenfeste Form (etwa 30 cm lang) einfetten und abwechselnd Spitzkohl, Kartoffeln, Kasseler und Sahnesauce einschichten.

7 Den Bergkäse reiben und über den Auflauf streuen. Im heißen Backofen etwa 40–50 Minuten backen.

Petersilie hacken

8 Die Petersilie waschen, trockentupfen und die Blättchen hacken. Den Auflauf mit der Petersilie bestreuen und servieren.

FamilienTipps

■ Für Kinder **Zu den meisten Rohkostreiben gehört ein passender Restehalter. Damit kann den kleinen Küchenhelfern beim Kartoffelraffeln wenig passieren, denn die Finger sind geschützt.**

■ Variation **Vegetarisch: Ersetzen Sie das Fleisch durch 500 g gewürfelte Champignons, die Sie in 2 EL Butterschmalz braten. Salzen und pfeffern. Zwischen Kartoffeln und Kohl schichten.**

■ Für Gäste **Reichen Sie zu diesem Auflauf einen Senfdip: einfach 150 g Crème fraîche mit 1–2 EL körnigem Rotisseur-Senf verrühren. Dazu passt ein kühles Bier.**

Kartoffel-Lachs-Pie mit Brokkoli

Zubereitungszeit
1 1/4 Std. (plus 25–30 Min. Backzeit)
Kosten
etwas teurer
Kalorien/Portion
ca. 780 kcal

Zutaten
für 4 Personen

- 700 g mehlig kochende Kartoffeln
- 60 g Butter
- 500 ml Milch
- etwas Salz
- etwas schwarzer Pfeffer aus der Mühle
- 1 kleine Zwiebel
- 1–2 EL Öl
- 1 Lorbeerblatt
- 500 g Lachsfilet
- 1 Knoblauchzehe
- 100 g Mayonnaise (50 % Fett)
- 2 Fleischtomaten
- 2 EL Mehl
- 1/2 Bund Basilikum
- 200 g Brokkoliröschen (küchenfertig vorbereitet)

Kartoffelpüree zubereiten

1 Die Kartoffeln waschen und in wenig Salzwasser je nach Größe 20–30 Minuten gar kochen. Abgießen, etwas abkühlen lassen, pellen und mit etwa 2 EL Butter sowie 100 ml Milch stampfen. Mit Salz und Pfeffer abschmecken.

Fisch vorbereiten

2 Die Zwiebel schälen, sehr fein hacken und in einer Pfanne im heißen Öl goldbraun braten. Die restliche Milch zugießen und das Lorbeerblatt hinzufügen. Das Ganze aufkochen lassen, das Fischfilet hinzufügen und alles zugedeckt etwa 5 Minuten köcheln lassen. Den Fisch aus der Milch heben und zerpflücken. Das Lorbeerblatt wegwerfen.

Restliche Pie-Zutaten vorbereiten

3 Den Knoblauch schälen, mit etwas Salz zerdrücken und in einer Schale unter die Mayonnaise mischen. Die Tomaten über Kreuz einritzen, kurz überbrühen, abschrecken und enthäuten. Die Tomaten halbieren, entkernen und umgedreht auf Küchenkrepp abtropfen lassen, dann hacken.

4 In einem Topf etwa 2 EL Butter erhitzen. Zunächst das Mehl und dann die Zwiebelmilch einrühren. Unter Rühren zum Kochen bringen und eindicken lassen.

Pie fertig stellen

5 Den Backofen auf 190 °C (Umluft 160 °C; Gas Stufe 3) vorheizen. Das Basilikum waschen, trockentupfen, die Blättchen abzupfen und hacken. Tomaten, Brokkoli, Basilikum, Fisch und Knoblauch-Mayonnaise in die Milchsauce einrühren. Alles mit etwas Salz und Pfeffer abschmecken.

7 Alles in eine Auflaufform geben, mit dem Kartoffelpüree bedecken. Die restliche Butter in Flöckchen darüber geben und die Pie im Ofen etwa 25–30 Minuten backen, bis die Oberfläche goldbraun ist.

FamilienTipps

■ Für Kinder **Kartoffelpüree ist bei Kindern sehr beliebt. Wenn wenig Zeit ist, einfach Fisch und Milchsauce weglassen und das Püree zum Überbacken von gedünstetem Gemüse verwenden.**

■ Gesundheitstipp **Kartoffeleiweiß kombiniert mit dem aus Milchprodukten ist so hochwertig wie tierisches Eiweiß. Reduzieren Sie die Fischmenge, enthält dieses Gericht immer noch genug Eiweiß.**

■ Für Gäste **Aufläufe eignen sich hervorragend als Gästeessen, denn ist der Auflauf erst einmal im Ofen, ist auch die Arbeit erledigt. Dann bleibt noch Zeit für andere Vorbereitungen.**

ESLING
MISE EN BOUTEILLE A LA PROPRIETE
PRODUCE OF FRANCE

Ofenkartoffeln mit Sour Cream

Zubereitungszeit
1 Std.
Kosten
preiswert
Kalorien/Portion
ca. 460 kcal

Zutaten
für 4 Personen

- 4 mehlig kochende Kartoffeln à etwa 300 g
- 150 g saure Sahne
- 125 g Crème fraîche
- 2 EL Zitronensaft
- 4 Tomaten
- 1 Bund Koriandergrün
- etwas Salz
- etwas weißer Pfeffer aus der Mühle

Kartoffeln vorkochen

1 Die Kartoffeln in kaltem Wasser gründlich mit der Gemüsebürste abbürsten. In kochendes Wasser geben und etwa 15 Minuten vorkochen.

2 Die Kartoffeln einzeln in Alufolie wickeln und im vorgeheizten Backofen bei 200 °C (Umluft 170 °C; Gas Stufe 3) etwa 45 Minuten backen.

Sour Cream zubereiten

3 Inzwischen die saure Sahne, die Crème fraîche und den Zitronensaft in einer Schale glatt rühren.

4 Die Tomaten waschen und entkernen (siehe unten). Das Tomatenfleisch sehr fein würfeln.

5 Das Koriandergrün waschen, trockentupfen und fein hacken. Die Tomatenwürfel und das Koriandergrün unter die Creme rühren. Mit Salz und Pfeffer abschmecken und zu den Ofenkartoffeln servieren.

Tomaten würfeln

Tomaten waschen und quer halbieren. Tomatenkerne mit einem Teelöffel lösen.

Die Tomatenhälften jeweils mit einer Hand über einer Schüssel ausdrücken.

Tomatenhälften mit der Öffnung nach unten auf Küchenkrepp etwa 15 Minuten abtropfen lassen. Den Stielansatz entfernen und das Fruchtfleisch würfeln.

FamilienTipps

■ Variation Wenn Sie keinen Koriander mögen, verwenden Sie stattdessen ein großes Bund Schnittlauch. Zusätzlich können Sie eine zerdrückte Knoblauchzehe unter die Sour Cream mischen.

■ Für Gäste Die Ofenkartoffeln können Sie auch auf dem Grill zubereiten. Dazu die Kartoffeln besser 20 Minuten vorkochen, in Folie einwickeln und direkt auf die glühenden Kohlen legen. Nach etwa 30 Minuten sollten sie gar sein.

■ Familie&Co TIPP Ein feines Essen für die Piratenparty! Für jedes Kind 1 große oder 2 kleine Kartoffeln kochen und backen. 15 Minuten abkühlen lassen, damit sich die kleinen Seeräuber nicht verbrennen.

Zubereitungszeit
1 Std.
Kosten
preiswert
Kalorien/Portion
ca. 480 kcal

Kartoffel-Spinat-Auflauf mit Erbsen

Zutaten
für 4 Personen

- 750 g mehlig kochende Kartoffeln
- etwas Salz
- 2 Knoblauchzehen
- 1,5 kg Blattspinat
- 2 EL Öl
- 150 g TK-Erbsen
- 100 g Butterkäse
- 150 g saure Sahne
- 4 frische Eier
- etwas weißer Pfeffer aus der Mühle
- frisch geriebene Muskatnuss

Kartoffeln kochen

1 Die Kartoffeln waschen und in Salzwasser etwa 20 Minuten kochen lassen. Abgießen, pellen und noch heiß durch die Kartoffelpresse drücken oder mit dem Kartoffelstampfer fein zerdrücken.

Spinat vorbereiten

2 Den Knoblauch schälen. Den Spinat verlesen und mehrmals waschen. Grobe Stiele entfernen.

3 In einem großen Topf 1 EL Öl erhitzen, den Knoblauch hineinpressen und kurz anbraten. Den tropfnassen Spinat zugeben und bei starker Hitze zugedeckt in 3 Minuten zusammenfallen lassen. Den Spinat in ein Sieb geben, kurz abtropfen lassen und mit dem Mixstab fein pürieren. Die Erbsen untermischen.

Füllung zubereiten

4 Den Backofen auf 175 °C (Umluft 150 °C; Gas Stufe 2) vorheizen. Eine ofenfeste Form (etwa 30 cm lang) mit 1 EL Öl fetten. Den Butterkäse reiben.

5 Saure Sahne, Eier und die Hälfte vom Käse miteinander in einer Schüssel verrühren. Mit der Spinatmasse mischen und unter die Kartoffeln heben. Mit Salz, Pfeffer und Muskatnuss abschmecken.

Auflauf backen

6 Die Kartoffelmasse in der Form verteilen und glatt streichen. Den restlichen Käse auf dem Auflauf verteilen und das Ganze im heißen Backofen etwa 30 Minuten backen.

FamilienTipps

■ Für Kinder **Kleinen Meisterköchen macht es mit Sicherheit großen Spaß, mit Ihrer Hilfe die Kartoffeln durch die Presse zu drücken oder mit dem Kartoffelstampfer zu zerkleinern.**

■ Variation **Wenn Sie den Auflauf mit Fleisch ergänzen möchten: Würfeln Sie 200 g Kasseler Aufschnitt oder Bratenreste und mischen Sie die Würfel unter die Kartoffelmasse.**

■ Für Gäste **Kleine Aufläufe für ein warmes Büfett: Verteilen Sie die Kartoffelmasse auf die gefetteten Mulden von 2 Muffinblechen. Dann wie beschrieben backen.**

Blumenkohl-Kartoffel-Soufflé

Zubereitungszeit
1 1/4 Std.
Kosten
preiswert
Kalorien/Portion
ca. 370 kcal

Zutaten
für 4 Personen

- 500 g Kartoffeln
- 300 g Blumenkohl ohne Stiele
- 3 frische Eier
- 125 g Cheddar oder alter Gouda
- 75 g Doppelrahm-Frischkäse mit Kräutern
- etwas Butter für die Form
- etwa 50 ml Milch
- 1 Prise geriebene Muskatnuss
- etwas Salz
- etwas schwarzer Pfeffer aus der Mühle

Gemüse vorbereiten

1 Die Kartoffeln waschen und in wenig Wasser in etwa 20 Minuten weich garen. Abgießen und etwas abkühlen lassen, dann pellen.

2 Während die Kartoffeln abkühlen, den Blumenkohl putzen, waschen und in kleine Röschen zerteilen. In wenig kochendem Salzwasser in etwa 7 Minuten bissfest garen. Abgießen, abtropfen und auskühlen lassen.

Soufflémasse zubereiten

3 Den Backofen auf 220 °C (Umluft 190 °C; Gas Stufe 4) vorheizen. Eine Souffléform mit Butter einfetten. Die Eier trennen. Den Käse fein reiben.

4 Die Kartoffeln mit dem Stampfer zerdrücken. Eigelbe, Frischkäse, 50 ml Milch und 1 Prise Muskatnuss untermengen und die Masse mit Salz und Pfeffer abschmecken. Nach Bedarf mehr Milch untermischen – die Masse soll nicht zu fest sein, jedoch gut ihre Form behalten.

5 Das Eiweiß sehr steif schlagen und mit den Blumenkohlröschen vorsichtig unter die Kartoffelmasse heben, sodass keine Eiweißflöckchen mehr zu sehen sind.

Soufflé backen

6 Die Masse in die Souffléform füllen und 25–30 Minuten backen, bis das Soufflé gut aufgegangen und an der Oberfläche goldgelb ist. (Falls das Soufflé sehr schnell bräunt, frühzeitig mit Alufolie bedecken.)

FamilienTipps

■ **Für Kinder** Lassen Sie doch die Kinder ihr Lieblingsgemüse aussuchen. Für ein Soufflé eignet sich jede Sorte, die wenig Wasser abgibt (nur so kann das Soufflé stocken). Das Gemüse immer leicht vorgaren.

■ **Variation** Für Meeresfrüchtefans: Statt des Blumenkohls nehmen Sie 300 g Brokkoli, geben zusätzlich 200 g geschälte Nordseekrabben in den Teig und würzen mit etwas Currypulver.

■ **Profitipp** Statt einer großen Souffléform können Sie auch 4 kleine Formen verwenden (dann allerdings nur etwa 20 Minuten backen). Dazu passt ein Paprika-Tomaten-Salat mit Schalottenringen.

Zubereitungszeit
1 1/4 Std.
Kosten
preiswert
Kalorien/Portion
ca. 520 kcal

Überbackener mediterraner Kartoffeleintopf

Zutaten
für 4 Personen

- 1 Gemüsezwiebel
- 1 Knoblauchzehe
- 700 g mehlig kochende Kartoffeln
- 2 Zucchini
- je 1 rote und gelbe Paprikaschote
- 1 Bouquet garni (siehe Profitipp)
- einige Blättchen frisches Basilikum
- 3 EL Olivenöl
- 500 g passierte Tomaten aus der Dose
- 300 ml kräftige Gemüsebrühe (Instant)
- etwas Salz und schwarzer Pfeffer aus der Mühle
- 1 TL Speisestärke
- 300 g fester Vollmilch-Joghurt
- 125 g Mozzarella
- 50 g Cheddar
- 3 Scheiben Toastbrot
- einige Zweige frischer Thymian

Zutaten vorbereiten

1 Die Zwiebel und den Knoblauch schälen. Die Zwiebel vierteln und in feine Streifen schneiden, den Knoblauch fein hacken. Die Kartoffeln schälen und in dünne Scheiben schneiden.

2 Die Zucchini und die Paprikaschoten waschen und putzen, die Zucchini in Scheiben, die Paprika in Streifen schneiden. Die Kräuter waschen und trockentupfen, das Basilikum in Streifen schneiden.

Eintopf kochen

3 Das Öl in einem großen Topf erhitzen und die Zwiebeln darin glasig braten. Knoblauch, Kartoffeln und das Gemüse zugeben und bei starker Hitze unter Rühren etwa 5 Minuten braten.

4 Passierte Tomaten, Gemüsebrühe, Bouquet garni und Basilikum hinzufügen. Mit Salz und Pfeffer würzen. Das Ganze aufkochen und zugedeckt etwa 25 Minuten köcheln lassen.

Eintopf backen

5 In einer Schüssel Stärke und Joghurt verrühren, leicht pfeffern. Den Mozzarella fein würfeln, den Cheddar reiben. Jeweils die Hälfte in die Joghurtmasse einrühren. Den Backofengrill auf niedrigster Stufe vorheizen. Das Toastbrot in kleine Würfel schneiden und kurz in einer Pfanne ohne Fett hellgelb rösten. Den Thymian waschen, trockentupfen und die Blättchen abzupfen.

6 Den Eintopf in 4 ofenfeste Terrinen füllen, die Joghurtmasse darauf verteilen. Das Ganze mit dem restlichen Käse, den Croûtons und dem Thymian bestreuen und im Ofen etwa 5 Minuten überbacken, bis der Käse goldgelb ist.

FamilienTipps

■ Für Kinder **Langweilige Eintöpfe, nein danke! Ganz anders dieser überbackene Kartoffeleintopf: Unter einer sämigen Joghurthaube versteckt kommt schmackhaftes Gemüse zum Vorschein.**

■ Profitipp **Bei Gerichten mit längerer Garzeit wird häufig ein Bouquet garni verwendet – ein Kräutersträußchen, das in jedem Fall Thymian, Petersilie und Lorbeer enthält. Hinzu kommen können noch je ein Stück Lauch und Staudensellerie. Vor dem Anrichten das Kräutersträußchen entfernen.**

■ **Die Kartoffeln können Sie auch auf einem Gurkenhobel schneiden.**

Kartoffelpizza mit Tomaten und Paprika

Zubereitungszeit
1 Std. (plus 30 Min. Gehzeit)
Kosten
preiswert
Kalorien/Portion
ca. 420 kcal

Zutaten
für 6 Personen

- 300 g mehlig kochende Kartoffeln
- 150–200 ml Milch
- 300–350 g Mehl
- 1 Pck. Trockenhefe
- etwas Salz
- 500 g Tomaten
- 2 Kugeln Mozzarella à 125 g
- 1 Bund Basilikum
- 1/2 Bund Oregano
- 2 rote Zwiebeln
- 2 grüne Paprikaschoten
- 3 EL Olivenöl

Kartoffelteig zubereiten

1 Die Kartoffeln waschen und in wenig Wasser 20 Minuten kochen. Die Kartoffeln pellen und noch heiß durch die Kartoffelpresse drücken.

2 Milch, Mehl, Trockenhefe und 1 TL Salz nacheinander unter die Kartoffelmasse arbeiten – es soll ein geschmeidiger Teig entstehen. Den Teig zugedeckt etwa 30 Minuten gehen lassen.

Pizzabelag vorbereiten

3 Die Tomaten mit kochendem Wasser überbrühen und kalt abschrecken, dann enthäuten und würfeln. Die Tomatenwürfel in einem Sieb abtropfen lassen.

4 Den Mozzarella trockentupfen und klein würfeln. Basilikum und Oregano waschen, trockentupfen, die Blättchen abzupfen und hacken.

5 Die Zwiebeln schälen, längs halbieren und in dünne Halbringe schneiden. Die Paprikaschoten waschen, putzen, vierteln und in dünne Streifen schneiden.

Kartoffelpizza backen

6 Den Backofen auf 200 °C (Umluft 170 °C; Gas Stufe 3) vorheizen. Ein Backblech fetten und dünn mit Mehl bestäuben. Den Hefeteig noch einmal durchkneten und dann auf dem Blech verteilen, dabei einen kleinen Rand formen.

7 Tomaten, Mozzarella, Kräuter, Zwiebeln und Paprika mischen. Die Mischung salzen und pfeffern. Das Olivenöl auf dem Teig verstreichen und die Tomatenmasse darauf verteilen.

8 Die Kartoffelpizza auf der untersten Schiene des Backofens etwa 30–35 Minuten backen.

FamilienTipps

■ Profitipp **Kleinere Portionen werden in einer Springform (Ø 26 cm) mit der Hälfte von Teig und Belag gebacken. Die andere Hälfte kalt stellen und 30 Minuten vor dem Backen in der Form gehen lassen.**

■ Variation **Rucola-Parmaschinken-Pizza: Paprika weglassen, 2 Bund Rauke (Rucola) waschen, trockentupfen und grob hacken. 100 g Parmaschinken in Stücken und Rauke nach dem Backen auf der Pizza verteilen.**

■ Familie&Co **Für jedes Kind eine Minipizza backen: Teig in 10 Portionen teilen, zu kleinen Fladen formen und belegen. Je 5 Fladen auf einem Blech backen.**

Kartoffelecken mit Zucchinidip

Zubereitungszeit
1 Std.
Kosten
preiswert
Kalorien/Portion
ca. 260 kcal

Zutaten

für 4 Personen

- 800 g Biokartoffeln
- 4 EL Öl
- etwas Salz
- 1 Bund Thymian
- 1 TL Paprikapulver
- ½ TL Kreuzkümmel
- 300 g Zucchini
- 2 rote Zwiebeln
- 1 Bund Koriandergrün
- 1 rote Chilischote
- 2 EL weißer Balsamessig
- etwas weißer Pfeffer aus der Mühle
- 1 TL Agavendicksaft (aus dem Reformhaus)

Kartoffeln backen

1 Den Backofen auf 175 °C (Umluft 150 °C; Gas Stufe 2) vorheizen. Die Kartoffeln gründlich waschen und abbürsten. Kartoffeln längs vierteln. Große Viertel quer halbieren. Die Kartoffeln mit 2 EL Öl bepinseln, salzen und auf ein Backblech legen.

2 Thymian waschen, trockentupfen und die Blättchen abzupfen. Die Hälfte beiseite stellen. Paprikapulver, Kreuzkümmel und eine Hälfte vom Thymian mischen.

3 Die Kartoffeln mit der Würzmischung bestreuen und im heißen Backofen etwa 25 Minuten backen.

Zucchinidip zubereiten

4 Die Zucchini waschen, putzen und auf der Rohkostreibe fein raspeln. Die Zwiebeln schälen und fein würfeln. Das Koriandergrün waschen, trockentupfen und mit den feinen Stielen hacken. Dann die Zwiebeln, den Koriander und den restlichen Thymian zu den Zucchini geben.

5 Die Chilischote waschen, längs aufschlitzen, sorgfältig entkernen und fein würfeln. (Dabei mit Haushaltshandschuhen arbeiten oder sofort danach die Hände waschen!) Die Chiliwürfel unter die Zucchinimischung heben.

6 Balsamessig, eine kräftige Prise Salz und Pfeffer in einer Schale verrühren. Das Öl mit einem Schneebesen unterschlagen. Alles mit dem Agavendicksaft leicht süßlich abschmecken. Mit der Zucchinimischung vermengen.

Kartoffeln fertig garen

7 Die Kartoffeln wenden und weitere 10–15 Minuten backen, bis die Kartoffeln gar sind. Mit dem Zucchinidip servieren.

FamilienTipps

■ **Für Kinder** Lassen Sie Ihre Kinder die Kartoffeln waschen und mit der Gemüsebürste abbürsten. Wer schon mit dem Messer umgehen kann, darf die Kartoffeln klein schneiden.

■ **Profitipp** Dazu passt Barbecue-Sauce: 1 gewürfelte Zwiebel, 1 gehackte Knoblauchzehe, 200 g brauner Zucker, 1 TL Salz, 8 EL Ketchup, 4 EL Weißweinessig und 2 TL Senfpulver verrühren. Alles unter gelegentlichem Rühren 20 Minuten kochen lassen. Mit weißem Pfeffer und Worcestersauce abschmecken.

Kartoffeln einmal anders

Zubereitungszeit
45 Min.
Kosten
preiswert
Kalorien/Portion
ca. 430 kcal

Kartoffelspieße mit Joghurt-Mango-Sauce

Zutaten
für 4 Personen

- 16 kleine Kartoffeln
- 150 g Joghurt
- 125 g Crème fraîche
- 2 TL mildes Currypulver
- 1 reife Mango
- etwas Salz
- etwas weißer Pfeffer aus der Mühle
- 1 Bund Schnittknoblauch
- 1 Zwiebel
- 300 g Putenbrust
- 3 EL Öl

Kartoffeln kochen
1 Die Kartoffeln waschen und in wenig Wasser etwa 20 Minuten kochen.

Joghurt-Mango-Sauce zubereiten
2 Inzwischen in einer Schale Joghurt, Crème fraîche und Curry verrühren. Die Mango schälen. Das Fruchtfleisch vom Stein schneiden und sehr klein würfeln. Die Würfel in die Sauce geben. Mit Salz und Pfeffer abschmecken.

3 Den Schnittknoblauch waschen, trockentupfen und klein schneiden. Unter die Joghurt-Mango-Sauce rühren und die Sauce kalt stellen.

Kartoffelspieße vorbereiten
4 Die Kartoffeln abgießen, kalt abschrecken und kurz abkühlen lassen. Kartoffeln pellen. Die Zwiebel schälen und vierteln. Die Viertel auseinander pflücken. Die Putenbrust trockentupfen und in 12 Stücke schneiden.

5 Kartoffeln, Zwiebeln und Fleischstücke abwechselnd auf 4 Holzspieße stecken. Kartoffelspieße salzen und pfeffern.

Kartoffelspieße braten
6 Das Öl in einer großen Pfanne erhitzen und die Kartoffelspieße darin rundherum etwa 12 Minuten braten. Mit der Joghurt-Mango-Sauce servieren.

FamilienTipps

■ Variation **Kartoffeln im Speckmantel: 150 g Frühstücksspeck (Bacon) halbieren und die Kartoffeln vor dem Aufstecken in je eine halbe Baconscheibe einwickeln. Wie beschrieben braten oder grillen.**

■ Für Gäste **Die Kartoffelspieße eignen sich prima für eine Grillparty: Verdoppeln Sie die Zutaten und bestreichen Sie die fertigen Spieße mit Öl. Auf dem heißen Grill sind sie in etwa 10 Minuten gar.**

■ Familie&Co Tipp **Hier sind fleißige Kinderhände gefragt: Lassen Sie Ihre Kinder den Schnittknoblauch mit einer Schere klein schneiden. Großen Spaß macht es den Kleinen auch, die Kartoffeln aufzuspießen!**

Zubereitungszeit
1 ½ Std.
Kosten
etwas teurer
Kalorien/Portion
ca. 620 kcal

Gebackene Kartoffelschalen mit Lachsdip

Zutaten
für 4 Personen

- 10 gleich große fest kochende Biokartoffeln
- 3 EL Öl
- 200 g Räucherlachs
- 200 g Schmand
- 150 g Landrahm (ca. 25 % Fett)
- 2–3 EL Zitronensaft
- etwas Salz
- etwas weißer Pfeffer aus der Mühle
- 1 Bund Kerbel
- 1 Zwiebel
- 75 g Butter

Kartoffeln backen

1 Den Backofen auf 200 °C (Umluft 170 °C; Gas Stufe 3) vorheizen. Die Kartoffeln in kaltem Wasser mit der Gemüsebürste gründlich abbürsten.

2 Die Kartoffeln auf ein Backblech legen und rundum mit Öl bepinseln. Kartoffeln etwa 1 Stunde backen. Nach 40 Minuten bei allen Kartoffeln die Schale mehrfach mit einer Gabel einstechen, damit Dampf entweichen kann.

Lachsdip zubereiten

3 Inzwischen den Lachs würfeln. Schmand, Landrahm, Zitronensaft, Salz und Pfeffer verrühren. Den Kerbel waschen, trockentupfen und hacken. Kerbel und Lachs vorsichtig unter den Dip heben.

Zwiebelbutter zubereiten

4 Die Zwiebel schälen und fein würfeln. Die Butter in einem Topf zerlassen und die Zwiebel darin bei mittlerer Hitze bräunen.

Kartoffelschalen backen

5 Die Kartoffeln etwas abkühlen lassen. Den Backofen auf höchster Stufe vorheizen. Die Kartoffeln längs halbieren und mit einem Löffel so aushöhlen, dass ein etwa 4 mm dicker Rand stehen bleibt (Inneres für ein anderes Gericht verwenden). Schalen quer und längs halbieren, salzen und pfeffern.

6 Die Kartoffelschalen mit Butter bestreichen. Auf dem Blech verteilen und etwa 15 Minuten backen, dabei einmal wenden. Mit dem Lachsdip servieren.

FamilienTipps

■ **Für Kinder** **Süße Kartoffelklößchen: Das Kartoffelinnere mit 2–3 Eiern, 1 Prise Salz und Mehl zu einem glatten Teig kneten. Den Teig portionsweise zu etwa 1 cm dicken Rollen formen und in etwa 1 cm dicke Stücke schneiden. Portionsweise in kochendes Wasser geben, 5 Minuten gar ziehen lassen, nicht kochen. Die Klößchen abtropfen lassen und mit Zimtzucker bestreuen.**

■ **Variation** **Kartoffelschalen frittieren: Etwa 1,5 l Öl erhitzen, bis an einem eingetauchten Holzspieß Bläschen aufsteigen. Schalen goldbraun frittieren und auf Küchenkrepp abtropfen lassen.**

Zubereitungszeit
1 1/4 Std.
Kosten
preiswert
Kalorien/Portion
ca. 560 kcal

Kartoffel-Gnocchi mit Tomatensauce

Zutaten
für 4 Personen

- 1 kleine Schalotte
- 3 EL Olivenöl
- etwas Mehl
- 500 g Pizzatomaten aus der Dose
- 1 TL getrockneter Oregano
- 1 Prise Zucker
- einige Tropfen Zitronensaft
- etwas Salz
- etwas schwarzer Pfeffer aus der Mühle
- 750 g mehlig kochende Kartoffeln
- etwa 175 g Mehl
- 2 Eigelb
- 1 Prise Muskatnuss
- etwas weißer Pfeffer aus der Mühle
- 50 g Butter
- 50 g geriebener Parmesan

Tomatensauce zubereiten

1 Die Schalotte abziehen und fein hacken. Das Olivenöl in einer tiefen Pfanne erhitzen und die Schalotte darin glasig braten. Unter Rühren mit etwas Mehl bestäuben, die Tomaten einrühren und alles aufkochen lassen.

2 Die Sauce etwas einkochen lassen, Oregano, Zucker und Zitronensaft hinzufügen und das Ganze mit Salz und Pfeffer abschmecken.

Gnocchi zubereiten

3 Die Kartoffeln schälen, in gleich große Stücke schneiden und in Salzwasser gar kochen. Abgießen, abtropfen lassen und mit dem Kartoffelstampfer zerdrücken.

4 Die Kartoffelmasse mit zunächst 150 g Mehl, den Eigelben, dem Muskat sowie Salz und Pfeffer verkneten. Falls nötig, zusätzliches Mehl einkneten, bis eine feste, gut formbare Mischung entstanden ist.

5 Den Kartoffelteig auf eine mit Mehl bestäubte Arbeitsfläche geben und Gnocchi formen und garen (siehe unten).

6 Die Gnocchi in einer vorgewärmten, gefetteten Schüssel warm halten, bis alle Gnocchi gekocht sind.

Gnocchi anrichten

7 Die Butter in einer kleinen Pfanne zerlassen und leicht bräunen lassen. Abschließend die Gnocchi damit übergießen und mit etwas Parmesan bestreut servieren. Den restlichen Parmesan mit der Tomatensauce separat dazureichen.

Gnocchi formen und garen

Aus dem Kartoffelteig mit bemehlten Händen Rollen mit etwa 1 cm Ø formen. In etwa 3 cm lange Stücke schneiden.

Jedes Stück an einer Seite mit den Zinken der Gabel etwas flacher drücken

Die Gnocchi portionsweise in reichlich kochendem Salzwasser garen. Sobald sie an die Oberfläche steigen, mit einem Schaumlöffel herausnehmen und abtropfen lassen.

FamilienTipps

■ **Für Kinder** Dieses Gericht mögen die meisten Kinder. Statt Tomatensauce kann auch eine leicht pürierte, sahnige Möhren- oder Zucchinisauce gereicht werden. Oder Gnocchi und Tomatensauce in eine feuerfeste Form geben und mit 250 g Mozzarella überbacken.

■ **Variationen** Sorgen Sie für Abwechslung beim Geschmack der Gnocchi, indem Sie 3 EL fein gehackte Kräuter wie Basilikum, Petersilie, Oregano oder Schnittlauch unter den Teig mengen. Würzen Sie dann auch die Sauce entsprechend.

■ Ersetzen Sie die Tomatensauce durch eine Käsesauce. Dafür 120 g Sahne mit 200 g geriebenem Käse (Pecorino, Gouda oder Raclette) erhitzen und dabei so lange rühren, bis der Käse geschmolzen ist. Zum Schluss 2 EL gehackte Petersilie unter die Sauce ziehen.

Zubereitungszeit
1 Std.
Kosten
preiswert
Kalorien/Portion
ca. 760 kcal

Zutaten
für 4 Personen

- 1,25 kg mehlig kochende Kartoffeln
- 125–250 g Mehl
- 3 frische Eier
- 1–2 TL Salz
- etwas weißer Pfeffer aus der Mühle
- frisch geriebene Muskatnuss
- 250 g geräucherter Speck
- 2 Zwiebeln
- 1 Bund Majoran

Kartoffelknödel mit Speckfüllung

Kartoffelteig zubereiten

1 Am Vortag die Kartoffeln waschen, in wenig Wasser kochen und anschließend pellen. Nebeneinander auf ein Backblech legen und mit einem Geschirrtuch bedecken.

2 Die Kartoffeln durch die Kartoffelpresse drücken und mit Mehl, Eiern, 1 TL Salz, Pfeffer und Muskatnuss zu einem Teig verkneten. Sollte der Teig sehr feucht sein, esslöffelweise weiteres Mehl unterarbeiten. Den Teig zugedeckt etwa 30 Minuten kalt stellen.

Füllung zubereiten

3 Inzwischen den Speck von der Schwarte schneiden und fein würfeln. Zwiebeln schälen und würfeln. Speck in einer Pfanne auslassen, Zwiebelwürfel zugeben und bei mittlerer Hitze glasig braten. Von der Kochstelle nehmen.

4 Majoran waschen, trockentupfen und die Blättchen von den Stielen zupfen. Zum Speck geben.

Knödel zubereiten

5 Reichlich Salzwasser in einem großen Topf zum Kochen bringen. Den Kartoffelteig auf der bemehlten Arbeitsfläche zu einer Rolle von etwa 40 cm Länge formen.

6 Die Rolle in 12 gleich große Stücke teilen und mit bemehlten Händen zu etwa handgroßen Fladen formen. Je ½ – 1 EL Füllung darauf geben und die Fladen zu Knödeln formen.

7 Knödel sofort ins kochende Salzwasser geben und 25–30 Minuten sieden (nicht kochen!) lassen. Die Knödel mit einer Schaumkelle aus dem Wasser heben und in eine vorgewärmte Schüssel geben.

FamilienTipps

■ Für Kinder **Mais-Erbsen-Füllung: 1 Dose Maiskörner (Abtropfgewicht 150 g), 150 g TK-Erbsen, 1 gewürfelte Tomate und 1 Bund gehackte Petersilie mischen, salzen und pfeffern. In die Knödel geben.**

■ Beilagentipp **Dazu passt kalte Joghurt-Kräuter-Sauce: 150 g Joghurt, 125 g Crème fraîche und 2 EL Zitronensaft verrühren, salzen und pfeffern. 1 Bund Schnittlauch und 1 Bund Petersilie waschen, trocken schütteln und hacken. Mit 1 Kästchen abgeschnittener Kresse unter die Sauce heben.**

■ Spartipp **Übrige Knödel in heißem Butterschmalz unter vorsichtigem Wenden anbraten.**

Zubereitungszeit
1 Std.
Kosten
etwas teurer
Kalorien/Portion
ca. 640 kcal

Spinat-Kartoffel-Wolken mit Filetsteak

Zutaten
für 4 Personen

- 1 Packung gehackter TK-Spinat (450 g)
- 750 g Kartoffeln
- Fett für das Blech
- 30 g Bergkäse
- 1 frisches Ei
- 2 TL Kräutersalz
- etwas schwarzer Pfeffer aus der Mühle
- 1 Prise Muskatnuss
- 4 Rinderfiletsteaks (à ca. 175 g)
- 4–5 EL Pflanzenöl
- 200 g Sahne
- etwas Salz
- Rinderbrühe nach Belieben

Kartoffelwolken zubereiten

1 Den Spinat in einem Topf ohne Wasserzugabe bei schwacher Hitze auftauen lassen, dabei nicht umrühren. Das Tauwasser so gut wie möglich abgießen.

2 Die Kartoffeln waschen, in wenig Wasser in gut 20 Minuten weich kochen. Abgießen, kalt abschrecken, etwas abkühlen lassen und pellen.

3 Während die Kartoffeln abkühlen, den Backofen auf 220 °C (Umluft 190 °C; Gas Stufe 4) vorheizen. Ein Backblech fetten. Den Käse fein reiben, das Ei trennen. Dann die Kartoffeln mit dem Stampfer zerdrücken und Spinat, Käse, Eigelb, Kräutersalz, Pfeffer sowie Muskatnuss untermengen. Das Eiweiß steif schlagen und vorsichtig unterheben.

4 Mit einem großen Löffel die Masse in Häufchen auf das Backblech setzen. Im Ofen in etwa 20 Minuten goldbraun backen.

Fleisch zubereiten

5 Während die Kartoffel-Spinat-Wolken garen, das Fleisch mit Küchenkrepp abtupfen, beidseitig pfeffern.

6 In einer großen Pfanne 2–3 EL Öl erhitzen und die Steaks darin bei mäßiger Hitze auf beiden Seiten braten, bis sie leicht gebräunt sind. Beim Wenden weitere 2 EL Öl zugeben.

7 Die Sahne zugießen und den Satz damit lösen. Die Sauce mit Salz und Pfeffer abschmecken und mit Rinderbrühe würzen. Fleisch und Sauce zu den Spinat-Kartoffel-Wolken servieren.

FamilienTipps

■ Für Kinder **Viele mögen's bunt: Reichen Sie die Kartoffelwölkchen auf knusprigem, mit Tomatenbutter (Tomatenmark mit Butter verrührt) bestrichenem Toast.**

■ Beilagentipp **Mit einer gehaltvollen Tomatensauce, geröstetem Brot und einer großen Schüssel gemischtem Salat wird aus den Kartoffelwölkchen eine sättigende vegetarische Hauptmahlzeit.**

■ Variation **Spinat-Kartoffel-Spritzgebäck: Das Eiweiß weglassen und stattdessen 3–4 EL Kartoffelstärke unterrühren. Teig in einen Spritzbeutel füllen und auf das Backblech Rosetten spritzen.**

Zubereitungszeit
1 Std.
Kosten
preiswert
Kalorien/Portion
ca. 540 kcal

Mozzarella-Kartoffel-Bällchen mit Tomatendip

Zutaten
für 4 Personen

- 650 g mehlig kochende Kartoffeln
- 2 Eigelbe
- 1 frisches Ei
- Speisestärke nach Bedarf
- etwas Salz
- etwas schwarzer Pfeffer aus der Mühle
- 100 g salzige Kekse
- 250 g Mini-Mozzarellakugeln
- Frittieröl
- 2 Frühlingszwiebeln
- 300 g passierte Tomaten aus der Dose
- 1/2 TL getrocknete italienische Kräuter
- 2–3 EL Tomatenketchup
- 3–4 EL Tomatenmark

Mozzarella-Kartoffel-Bällchen zubereiten

1 Die Kartoffeln in wenig Wasser in 20–30 Minuten gar kochen. Abgießen, kalt abschrecken, etwas abkühlen lassen und pellen. Die Kartoffeln mit dem Stampfer zerdrücken, ausdampfen lassen und Eigelbe, Ei, etwas Salz und reichlich Pfeffer untermengen. Die Masse sollte recht fest sein, daher nach Bedarf noch etwas Stärkemehl unterarbeiten.

2 Die Kekse in einen Gefrierbeutel geben und mithilfe einer Teigrolle fein zerkrümeln. Die Mozzarellakugeln halbieren. Mit bemehlten Händen jede Halbkugel mit Kartoffelteig ummanteln und zu Bällchen rollen. In den Keksbröseln wälzen.

3 In der Fritteuse oder in einer tiefen Pfanne das Frittieröl auf 190 °C erhitzen (ein Würfel Weißbrot wird in knapp 30 Sekunden goldbraun) und die Bällchen darin portionsweise goldbraun frittieren. Herausheben, auf Küchenkrepp entfetten und heiß oder abgekühlt servieren.

Tomatendip zubereiten

4 Während die Kartoffeln garen, die Frühlingszwiebeln waschen, putzen und in feine Röllchen schneiden.

5 Die passierten Tomaten mit Zwiebelröllchen, Kräutern, Tomatenketchup und so viel Tomatenmark verrühren, dass ein sämiger Dip entsteht. Mit Salz und Pfeffer abschmecken.

6 Die Bällchen auf Teller portioniert servieren. Zu jedem Teller ein kleines Schälchen mit Tomatendip stellen.

FamilienTipps

■ Für Kinder **Niedliche Dinge wie diese kleinen Bällchen sprechen Kinder besonders an. Auf einem Kinderfest reichen Sie die Mozzarella-Kartoffel-Bällchen jedoch besser ohne Dip!**

■ Einkaufstipp **Natürlich können Sie zu den Bällchen auch gekaufte Dips reichen, z. B. Cocktail- oder Kräuterdip. Der Handel hält eine Vielzahl fertiger Saucen und Dips für Sie bereit.**

■ Für Gäste **Die Bällchen eignen sich prima für ein Partybüfett. Dazu gibt es viele Dips und Salsa-Saucen, Brot und jede Menge Tacos. Als Getränk passt mexikanisches Bier (in Flaschen erhältlich).**

Zubereitungszeit
1 Std.
Kosten
etwas teurer
Kalorien/Portion
ca. 410 kcal

Zutaten
für 4 Personen

- 600 g mehlig kochende Kartoffeln
- 1/2 TL Korianderkörner
- 100 g Speisestärke
- 2 frische Eigelb
- etwas Salz
- 75 g getrocknete Tomaten in Öl
- 300 g Champignons
- 1 Bund Frühlingszwiebeln
- 1 Bund Basilikum
- 2 EL Butter
- 250 g Spinat
- etwas schwarzer Pfeffer aus der Mühle
- 150 g Joghurt
- 4 EL Zitronensaft
- 3 EL Sonnenblumenkerne

Kartoffelrouladen mit Pilz-Tomaten-Füllung und Spinatsalat

Kartoffelteig zubereiten

1 Die Kartoffeln gar kochen. Abgießen, etwas abkühlen lassen, pellen, durch die Presse drücken.

2 Koriander in einer Pfanne ohne Fett unter Rühren rösten, bis er duftet. Im Mörser fein zerkleinern.

3 Kartoffeln, Stärke, Eigelb, Koriander und 1/2 – 1 TL Salz zu einem festen Teig verkneten. Zugedeckt beiseite stellen.

Füllung vorbereiten

4 Tomaten abtropfen lassen, Öl auffangen. Champignons mit Küchenkrepp säubern und würfeln. Frühlingszwiebeln waschen, putzen und in Ringe schneiden. Basilikum waschen, trockentupfen, die Blättchen abzupfen und hacken. Tomaten würfeln.

5 Champignons unter Rühren in 1 EL Butter und Tomatenöl etwa 5 Minuten braten. Zwiebeln und Tomaten 2 Minuten mitbraten. Basilikum zugeben. Alles salzen und pfeffern.

Kartoffelrouladen formen

6 2 Stücke Alufolie mit 1 EL Butter bestreichen. Kartoffelteig halbieren. Je eine Hälfte auf einem Stück Alufolie rechteckig etwa 1 cm dick ausrollen. Füllung darauf verteilen. Teig von der Längsseite aufrollen. Alufolie verschließen. Rouladen in kochendem Wasser 20 Minuten garen.

Spinatsalat zubereiten

7 Den Spinat verlesen, waschen und zerzupfen. Joghurt, Zitronensaft, Salz und Pfeffer verrühren. Mit dem Spinat mischen. Die Sonnenblumenkerne in einer Pfanne rösten und über den Spinatsalat geben.

8 Die Kartoffelrouladen in Scheiben schneiden und mit dem Salat servieren.

FamilienTipps

■ Für Kinder **Der Kartoffelteig ist so weich, dass er gut von Ihren kleinen Helfern ausgerollt werden kann. Geben Sie Ihren Kindern dafür eine kleine Teigrolle.**

■ Spartipp **Übrige Scheiben von der Kartoffelroulade können Sie in wenig heißem Butterschmalz aufbraten. Vorsichtig wenden!**

■ Beilagentipp **Servieren Sie die Kartoffelroulade als Beilage zu gefülltem Putenbraten oder zu saftigen Steaks.**

Zubereitungszeit
1 Std. (plus 1 Std. Ruhezeit)
Kosten
preiswert
Kalorien/Portion
ca. 435 kcal

Zutaten
für 4 Personen

- 500 g Kartoffeln
- 1 frisches Ei
- 50 g Crème fraîche
- etwas Salz
- etwas weißer Pfeffer aus der Mühle
- etwas frisch geriebene Muskatnuss
- 1/2 Bund Petersilie
- 60 g Butter

Kartoffelstrudel

Strudelteig zubereiten

1 Mehl, 75–100 ml lauwarmes Wasser und 1 EL Öl zu einem geschmeidigen Teig kneten. Mit dem restlichen Öl bepinseln und in Folie gewickelt 1 Stunde ruhen lassen.

Kartoffeln zubereiten

2 Die Kartoffeln in etwa 20 Minuten gar kochen. Abgießen, kalt abschrecken und pellen. Die Hälfte in etwa 1 cm große Würfel schneiden. Restliche Kartoffeln durch die Presse drücken, Ei und Crème fraîche unterrühren. Mit Salz, Pfeffer und Muskat würzen.

4 Petersilie waschen, trockentupfen und hacken. Mit den Kartoffelwürfeln unter die Kartoffel-Ei-Masse heben.

Strudelteig aufrollen

5 Den Backofen auf 200 °C (Umluft 170 °C; Gas Stufe 3) vorheizen. Die Butter in einem kleinen Topf zerlassen. Ein Geschirrtuch dünn mit Mehl bestäuben. Den Strudelteig darauf ausrollen und mit den Händen zu einem Rechteck (etwa 50 x 45 cm) dünn ausziehen (siehe unten).

6 Den Teig mit Butter bestreichen. Die Kartoffelmasse in einem 15 cm breiten Streifen darauf verteilen. Beide Seitenränder auf die Füllung klappen, damit später nichts auslaufen kann.

7 Den Teig von der Längsseite her mithilfe des Tuchs aufrollen. Den Strudel mit der Naht nach unten auf ein mit Backpapier ausgelegtes Blech setzen und mit Butter bestreichen. Den Strudel etwa 35 Minuten backen und dabei ab und zu mit Butter bestreichen.

Strudel aufrollen

Den auf dem Handtuch ausgerollten Teig mit den Händen dünn zu einem Rechteck ausziehen.

Teig mit Butter bepinseln und die Füllung an der Längsseite in einem 15 cm breiten Streifen verteilen.

Seitenränder über die Füllung klappen und den Strudel mithilfe des Handtuchs aufrollen.

FamilienTipps

■ **Für Kinder** Das macht Spaß: Strudelteig mit Butter bepinseln. Lassen Sie die Kleinen den Strudel beobachten und während des Backens ab und zu mit Butter bestreichen, damit der Teig schön knusprig wird.

■ **Beilagentipp** Zu diesem Kartoffelstrudel passt z. B. ein herzhafter Raukesalat. Den Kartoffelstrudel selbst können Sie aber auch als raffinierte Beilage servieren, z. B. zu Braten oder kurz gebratenem Fleisch.

■ **Für Gäste** Der Strudel lässt sich gut vorab zubereiten: Strudel aufrollen und zugedeckt beiseite stellen. Wenn die Gäste eingetroffen sind, den Strudel in den Ofen schieben und backen.

Zubereitungszeit
1 Std. (plus 30 Min. Gehzeit)
Kosten
preiswert
Kalorien/Portion
ca. 700 kcal

Zutaten
für 4 Personen

- 250 g mehlig kochende Kartoffeln
- 150–200 ml Buttermilch
- etwas Salz
- 250–300 g Mehl
- 1/2 Pck. Trockenhefe
- 4 ungebrühte Kalbsbratwürste
- 1 Bund Schnittlauch
- 1 kleiner Römersalat
- 1 Fenchelknolle
- 1 rotschaliger Apfel
- 5 EL Zitronensaft
- 1–2 TL mildes Currypulver
- Zucker
- 3 EL Sonnenblumenöl

Kartoffelmuffins mit Bratwurstfüllung und Salat

Kartoffelteig zubereiten

1 Kartoffeln waschen und in 20 Minuten gar kochen. Abgießen, kalt abschrecken, pellen und noch heiß durch die Presse drücken.

2 Buttermilch, 1 TL Salz, Mehl und Trockenhefe nacheinander unter die Kartoffeln rühren. Den geschmeidigen Teig zugedeckt etwa 30 Minuten gehen lassen.

Füllung vorbereiten

3 Schnittlauch waschen, trockentupfen und in Röllchen schneiden. Das Brät aus den Würsten drücken und den Schnittlauch unterrühren.

Muffinform füllen

4 Backofen auf 200 °C (Umluft 170 °C; Gas Stufe 3) vorheizen. Ein Muffinblech mit 12 Mulden fetten. Kartoffelteig nochmals kneten, in 12 Portionen teilen. Diese auf wenig Mehl zu handgroßen runden Fladen ausrollen. In die Mitte jedes Fladens 2 EL Füllung geben. Teig über der Füllung schließen.

5 Muffins mit der Nahtstelle nach unten in die Mulden setzen und etwa 30 Minuten backen.

Salat zubereiten

6 Inzwischen den Römersalat putzen, waschen und trockentupfen. Blätter in Streifen schneiden. Den Fenchel putzen und auf dem Gurkenhobel in dünne Scheiben schneiden. Den Apfel waschen, vierteln, das Kerngehäuse entfernen. Viertel in dünne Scheiben schneiden und sofort mit 2 EL Zitronensaft beträufeln. Salat, Fenchel und Apfel mischen.

7 Currypulver mit 2 EL Zitronensaft, Salz, Pfeffer und einer Prise Zucker verrühren. Das Öl mit einem Schneebesen unterschlagen. Über den Salat geben. Salat mit den Muffins servieren.

FamilienTipps

■ Profitipp **Wenn Sie kein Muffinblech haben, können Sie die fertig geformten Muffins zu einem Brötchenrad aneinandersetzen. Das Rad auf einem mit Backpapier ausgelegten Blech backen.**

■ Fürs Picknick **Kartoffelmuffins sind eine kräftige Zwischenmahlzeit bei einem Ausflug, z. B. mit dem Rad. Packen Sie dazu in Stifte geschnittene Möhren, Radieschen oder andere Rohkost ein.**

■ Familie&Co Tipp: **Die Alternative zum Pausenbrot: Geben Sie Ihren Kindern Kartoffelmuffins als Snack mit in die Schule oder in den Kindergarten. Mit einem Apfel oder einer Birne wird's vollwertiger!**

Rezeptverzeichnis

Rezeptverzeichnis und Abkürzungen

Hinweise zu den Rezepten

Abkürzungen

EL	=	Esslöffel (gestrichen)	cl	=	Zentiliter
			kcal	=	Kilokalorien
TL	=	Teelöffel (gestrichen)	ca.	=	circa
			Min.	=	Minute(n)
Msp.	=	Messerspitze	Std.	=	Stunde(n)
Bd.	=	Bund	Ø	=	Durchmesser
P.	=	Päckchen	°C	=	Grad Celsius
TK-...	=	Tiefkühl-...	getr.	=	getrocknet
l	=	Liter	ger.	=	gerebelt
ml	=	Milliliter	cm	=	Zentimeter

Maßumrechnungstabelle

1 l = 1000 ml = 10 dl	1 Esslöffel = 15 ml
1 Tasse = 150 ml	1 Teelöffel = 5 ml
1 Wasserglas = 200 ml	1 dag = 10 g (für Österreich)

Gasherdtemperaturen

Die Temperaturen entsprechen beim Gasherd diesen Stufen
150–175 °C = Gasstufen 1–2
175–200 °C = Gasstufen 2–3
200–225 °C = Gasstufen 3–4
225–250 °C = Gasstufen 4–5

Die Rezepte sind für 4 Personen berechnet. Ausnahmen sind im Rezeptkopf angegeben.

Die Kalorienangaben beziehen sich immer auf 1 Portion.